イラストで見るマナー、
文化、レシピ、ちょっといい話まで

知っておきたい！
中国ごはんの
常識

LA CUISINE CHINOISE ILLUSTRÉE:
des recettes et des anecdotes pour tout savoir sur
la culture gastronomique chinoise
Margot Zhang & Zhao En Yang

マルゴ・ジャン［文］

ジャオ・エン・ヤン［絵］

広野和美［訳］

目 次

中国料理

中国では、街角でも職場でも家庭の中でも、
「ごはん食べた?」としょっちゅう声をかけ合います。
このシンプルな挨拶から、中国では日々の生活の中で
食事がどんなに大切にされているかがわかります。

中国では「食事をする」ことは「栄養をとる」という本質的な役割のほかに、
もっと大切な意味があります。食事は、社会に溶け込んで人びとと交わり、
相手に愛情や尊敬の念を伝える手段なのです。
食事は、人と顔を合わせ、和気あいあいと歓談するひととき。
肉や野菜を取り分けるちょっとした仕草は、
相手に対する愛情や関心のサインなのです。

調和を追求する

祝いの席であろうと、
家庭での日々の食事であろうと、
食事のメニューには必ず
料理の風味や食感、彩りがバランスよく
調和していることに細心の注意が払われます。

レストランでの祝いの食事では、冷たい最初の一品が供されたあとに炒め料理や蒸し料理、あるいは煮込み料理が用意されます。なめらかな食感の料理が出されれば、その次は必ず対照的なカリカリとした食感の一皿が出されます。タレのかかっていない料理の次は、タレの味を楽しむ一皿、香辛料の利いた料理の後にはさわやかな味わいの料理や甘いデザートでバランスがとられます。

家庭での簡単な食事でも必ず調和が大切にされます。3人家族の場合、毎日の食事はたいてい一汁三菜(三菜一湯)です。たとえば、肉料理が一皿と野菜料理が二皿、あるいは野菜料理と豆腐か卵の料理がそれぞれ一皿ずつ、そしてスープで締めくくられます。

食品とそれを食べる人、食べる季節との調和にも気をくばります。暑い時期には、ほてった身体を鎮めて心を落ち着かせるために、あっさりとしたさわやかな食べ物を多く食べます。冬には、陽の食材(p.91)を使ったスープや煎じ茶で冷えた身体を温めます。

中国の三度の食事

中国では、すべての料理を
テーブルの真ん中に一度にならべて
それをみんなで分け合います。

一日は、たいてい栄養たっぷりの朝食ではじまります。欧米文化の影響を受けているとはいえ、中国人はもっぱら塩味の温かい食事をとります。朝ごはんの内容は地方ごとに非常にバラエティに富んでいます。たとえば、揚げパン、豆乳、ワンタンスープ、丸い焼きパンあるいはラーメンや包子(バオズ)（中華まん）など。朝食は自宅で食べることもあれば、時間のないときなどは街角の山店で食べることもあります。

朝ごはん

揚げパンと豆乳

ワンタン

ゴマパン

包子(バオズ)(中華まん)

お粥

腸　粉 (チャンフェン)
（中国式蒸しクレープ）

昼ごはん

正午ごろにとる昼食は、野菜料理が一皿、タンパク質の料理が一皿、そしてでんぷん質の料理が一皿という内容です。仕事先では、お弁当か(社員食堂の)定食を食べるのが一般的です。外でランチをするなら、餃子や麺類のようにさまざまな食材を使ったセットメニューを選ぶことができます。

伝統的な弁当箱

働く人の昼食

肉餅

餡　餅 (シャンビン)
（豚肉入り焼き餅）

茶碗蒸し

麺類

餃　子 (ジャオズー)

ごはん

茹で野菜

夕食は伝統的に、また中国医学にしたがえば、消化しやすい食材を使った軽めの食事をするのが好ましいのですが、実際には、中国人はそうした生活様式をかならずしも守ってはいません。というのも、日中は仕事に出ていて昼食は外で食べることがほとんどのため、夕食は家族そろって、あるいは友人同士で集まって、たくさんの料理を囲むことが多いからです。でも、中国では比較的早い時間帯（18時から19時の間）に夕食をとり、食後に散歩をする習慣があるので、お腹いっぱい食べても眠りにつくまでにはちゃんと消化されます。

夜ごはん
晚饭

花椒ダレにつけて
食べる串料理
串串

白切鸡
広東風茹で鶏

小エビの
龍井茶炒め
龙井虾仁

焼きそば

肉夹馍
（中国風ハンバーガー）

肉団子
狮子头

北京ダック
烤鸭

火锅
四川鍋

东坡肉
東坡肉
（豚の角煮）
东坡肉

松子鱼
鯉のから揚げ
甘酢あんかけ

大闸蟹
上海ガニ

9

基本の調理器具

中国料理用の最低限の調理器具があれば、調理がもっと簡単になるでしょう。

中華鍋
中華料理に欠かせない道具

中華ヘラ
中華鍋用のフライ返し

箸

麺棒
餃子の皮をつくるのに使う

中華包丁

土鍋
煮込み料理またはスープを
つくるのに使う

セイロ
蒸し料理に使う

蒸し料理用の三脚台

自動炊飯器

中華包丁（菜刀）

菜刀は大きな中国包丁のことで、いろいろな使い方があります。切ったり、切り込みを入れたり、刻んだり、押しつぶしたり、魚のうろこを取り除いたり、鶏の骨抜きをしたり、肉を叩いてやわらかくしたりできます。また、食材をある場所から別の場所に移したりするのにも使います。

切る

たたく

たたきキュウリ

とてもさっぱりした料理で、蒸し暑い夏にピッタリ。包丁の表面でキュウリをたたき潰すことで、キュウリに無数のひびが入り、そこから調味料がいい具合になじみます。

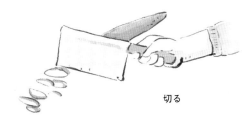

材料（4人分）

キュウリ … 300g
ニンニク … 2片
醤油ダレ（p.25を参照）
パクチー … 数本
刻んだ生の赤トウガラシ … 1個（お好みで）

1. キュウリをよく洗い、まな板の上に横にならべる。包丁の表面でキュウリを強くたたいて小片にする。ニンニクも同様にする。
2. キュウリ、ニンニク、刻んだトウガラシとパクチーを大きなボウルに入れ、タレと混ぜ合わせる。テーブルに出すまで、冷蔵庫に1時間ほど置く。

ゴマ油

薄口醤油
大さじ½

砂糖大さじ1

酢大さじ1

ニンニク

トウガラシ

パクチー

中華鍋

中華鍋は中国料理でもっとも重要な調理器具です。
この鍋さえあれば、炒める、揚げる、煮込む、茹でる、蒸す、燻製<ruby>燻製<rt>くんせい</rt></ruby>にする……
ほとんどの調理ができます。

伝統的な中華鍋は底が丸い半球形で、鋼鉄製または銑鉄製です。もっとも広く使われているのは炭素鋼製のもので、熱伝導が非常に速く、価格も手ごろです。
炒めもの調理では、かなりの高温（200℃）で鍋を熱しますが、その高温が食材に何とも言えない独特の風味を与えるのです。これを「鍋气<ruby>鍋气<rt>ゴウチー</rt></ruby>」、「中華鍋の呼吸」と言います。

どんな中華鍋を選べばいい？

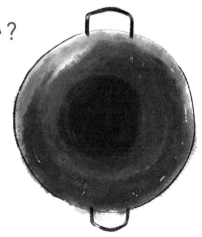

いちばんに考慮すべきことは、あなたの家のコンロがどんなタイプかということです。底が丸い中華鍋にはガスコンロが理想ですが、電気コンロまたはIHコンロなら、底が平らな中華鍋を選びましょう。
あなたが中国料理の初心者で、高温で加熱する必要のない料理（焼きそば、牛肉と野菜の炒めものなど）をつくりたいなら、テフロン加工の中華鍋を選ぶといいでしょう。
理想は炭素鋼中華鍋です。軽くて、速く温まるので、中国料理を本格的に楽しみたいのなら、炭素鋼中華鍋を選ぶのがおすすめです。

食材の量に注意して!

炒め料理では決して材料を入れすぎてはいけません。材料が多すぎると、加熱温度が著しく下がってしまい、炒めるというよりも煮ることになってしまいます。炒め料理が必ず2~3人分の量に限られるのはそのためです。食卓を囲む人数がもっと多い場合は、一皿の量を増やすのではなく、料理の種類を増やします。

炭素鋼中華鍋の黒光りとお手入れ
新しい中華鍋または錆びた中華鍋を黒光りさせる

刷子洗鍋

鍋放火上干烧.

中華鍋用ブラシで洗う

中華鍋を洗うためには、昔から竹のブラシを使いますが、鍋用スクラブスポンジでもじゅうぶんです。水と食器用洗剤で鍋を洗い、よくすすぎます。鍋が錆びている場合は、スクラブスポンジで強くこすって、錆を落とします。

鍋を強火にかけ、乾燥させる

強火で煙が出るまで鍋を熱し、油をしみ込ませたキッチンペーパーを菜箸ではさんで鍋に薄く油を引き、油が完全に蒸発するまで待ちます。次にもう一度、薄く油を引きます。

涂上一层薄油
重复一次.

油を薄く塗り、これを繰り返す

この作業を3~5回繰り返します。火傷をしないように気をつけましょう。使った後は毎回、水と食器用洗剤で洗い、よく拭いて、中火で完全に乾くまで熱し、油を薄く塗ってからしまいましょう。

セイロ

竹製のセイロは蓋をしても密閉されず、
蒸気が溜まらないので、
蒸し料理に最適の調理器具です。

しかも、セイロは積み重ねることができるため、餃子だけでなく野菜、米、肉や魚、お菓子まで、一度に複数の料理を調理できます！

セイロの使い方はとても簡単。まず水を入れ、沸騰させます。次にセイロを鍋の上にのせます。セイロが鍋の縁にきちんとおさまり、蒸気が外に逃げないように、鍋と同じ直径の（あるいは少し大きい）セイロを選ぶことが肝心です。中華鍋があれば、さまざまなサイズのセイロをのせることができるので、よりいいでしょう。

セイロのお手入れ

使用後は、水と食器用洗剤で洗ってすすぎ、
完全に乾かしてからしまいます。

14

餃子や包子をつくるときは、食品が
セイロの底にくっつかないように、
クッキングペーパーを敷きましょう。

炭屉纸
蒸し料理用の
丸いクッキングペーパー

セイロも中華鍋もないときに、
蒸し料理をするちょっとした技

中華鍋はあるけどセイロがない場合、中
華鍋に水を少し入れ、その中に蒸し料理
用の三脚台を入れて、食材を入れた容器
の上に蓋をすればOK。

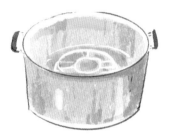

中華鍋もセイロもない場合、ステン
レス製の三脚台と鍋があればOK。

水を入れた鍋の底に三脚台を置き（水は三脚台の高さを超
えないように）、次に、蒸す食材を皿かボウルに入れて三
脚台の上にのせ、蓋をします。適当な三脚台がない場合、
空き缶でもじゅうぶん代用できます。蓋の上の水滴が食品
の上に落ちない工夫をきちんとしましょう。

鍋の蓋を乾いた布で包みます。そうすれば、水
滴が布の上に落ちて食品を濡らさずに済みます。

基本の切り方

中国料理では切る作業が非常に重要で、腕のいい料理人は
切る技術を極めています。ていねいに正確に切った食材は、
色、食感、新鮮さをしっかりと保ったまま、均一に火が通ります。

乱切り

円筒形の野菜（ニンジン、ナス、キュウリなど）は4分の1
回転させながら、斜めに切ることがあります。この切り方
をすると、表面積が大きくなるため味がしみやすく、火の
通りもよくなります。

ひし形切り

ニンジンやキュウリはひし形に薄く切ることがよくありま
す。まず、野菜を斜めに切って、次に各片を薄くスライス
するだけでOK。

斜め切り

とくに野菜を切るときにこの方法を使います。この切り方
をすると、野菜の表面積に熱がたくさん当たり、味がよく
しみます。また、繊維の多い野菜の場合、斜め切りをする
と、包丁の刃が傷みません。

キュウリをらせん状に切る

キュウリのヘタを切り落とし、側面に割り箸を置く。キュウリを下まで切ってしまわないように、斜めに薄く切り込みを入れる。次にキュウリをひっくり返し、下まで切ってしまわないように直角に薄く切り込みを入れる。

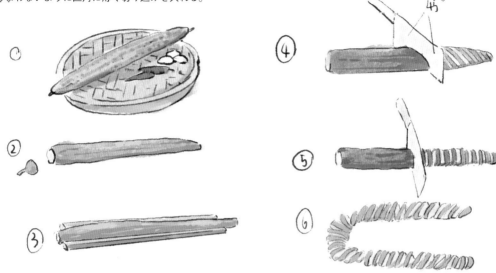

イカを切る

できるだけ口当たりをよくするために、生のイカにまず縦に切り込みを入れ、次に横に切り込みを入れて格子状にしたら、お好みの大きさに切り分け、熱湯で茹でます。

魷鱼花刀

基本の食材

中国料理にとりかかる前に知っておくべき基本の食材を紹介します。

野菜・果物

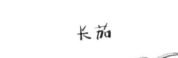

長ナス

皮は非常に薄く、果肉はとても
やわらかい。皮つきのまま加熱
調理する。

ハクサイ

中国でもっともよく食べられる
野菜のひとつ。

チンゲンサイ

ニンニク少々といっしょに中華
鍋で手早く炒めると最高におい
しい。

空心菜

中国人にとても好まれている野
菜。ニンニクや少しのトウガラ
シといっしょに炒めて食べる。

レンコン

シャキシャキした食感で、蒸してサラ
ダにしたり、スープに入れたり、ドー
ナッツのように揚げたり、デザートに
使われることもある。

ショウガ

中国料理、中国医学の優等生。

ネギ

中国では料理人がほとんど毎日
使う食材。

ニンニク

ネギやショウガと同じように、
炒め料理に好んで使われる。

ニラ

ニンニクに似た風味で、オムレ
ツや甲殻類、豚肉とよく合う。

緑豆芽

モヤシ

中華鍋での炒め料理やスープに
よく使われる。

筍

タケノコ

地面から生える竹の新しい幹の
先端。

豆腐

豆腐

豆乳を凝固させてつくられる。
豆腐に含まれる水分量によって
やわらかさが違う。

木耳

キクラゲ

黒いキノコ。中国語で「木の耳」
という意味。サラダやスープに
最適。

香菇

干しシイタケ

香りが強い。加熱調理する前に、
水に浸して戻す。冷水に1時間
浸してから使うのがよい。

红豆

小豆

粒状のまま、またはペースト状
にしてデザートによく使われる。

红枣

ナツメ

スイーツや飲み物に、また香味
料としてだし汁に入れることも
ある。

金桔

キンカン

中国語で「金のミカン」という意
味。小さな柑橘類で、生のまま
食べたり、砂糖漬けやジャムに
したりして食べる。

枸杞

クコの実

中国料理にも漢方医療にもよく
使われる。煎じ茶にクコの実を
数粒加えても、ワイン漬けにし
ても、そのままかじってもよい。

黑芝麻

黒ゴマ

白ゴマより風味が強く、お菓子
によく使われる。

花生

ピーナッツ

中国では「長寿の果実」と呼ばれ
ている食材。

龙眼

リュウガン

乾燥させた実を甘いスープに入
れたり、煎じて飲んだりする。

調味料

薄口醤油
あらゆる料理に用いられ、
濃口醤油より塩分が強く、
さらっとしている。

濃口醤油
薄口醤油をより長い期間発
酵させたもので、濃厚で、
甘みがある。

黒酢
香りがよく、マイルドな味
のお酢。もち米を長時間発
酵させてつくられる。

芝麻油

ゴマ油

煎ったゴマの油。加熱の最後に
ごく少量使うこともある。

花雕酒

紹興酒

中国料理には欠かせない醸造酒。
もち米、酵母菌、水をベースに
した酒。

蚝油

オイスターソース

広東料理で料理の味を引き立て
るのに非常によく使われる。

芝麻醤

ゴマペースト

醤油と合わせてゴマダレをつく
り、ラーメンやサラダの味付け
に使う。

豆瓣醤

豆板醤

発酵させたソラマメとトウガラ
シのペースト。四川料理によく
使われる。

豆豉

豆豉
トウチ

黒豆を発酵させたもの。蒸し魚
や炒め料理によく使われる。

香辛料と乾燥食品

乾燥赤トウガラシ
南西地域の料理に非常によく使
われる。丸ごと使ったり、細か
く刻んで使ったりする。

花椒、四川コショウ
口の中にピリッとした風味が広
がると同時に舌がヒリヒリして、
最後にレモンの香りが広がる。

赤い四川コショウ
（赤く熟した中国産の山椒を乾燥させたもの）

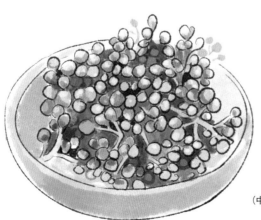

緑の四川コショウ
（中国産の山椒を乾燥させたもの）

八角

料理に香りをつけるにはほんの
少量入れるだけでよい。「五香
粉」というミックススパイスに
含まれている。

桂皮（中国のシナモン）

普通のシナモンより黒く、はっ
きりした強烈な風味で、少し辛
味がある。

陳皮（乾燥ミカンの皮）

古くなった発酵したミカンの皮を数年間
かけて乾燥させたもの。じっくりと煮込
む肉料理に使われることが多い。

五香粉（5つの香りのスパイス）

八角の粉末、花椒、桂皮、クローブ、
ウイキョウの種を混ぜ合わせたスパ
イス。

油、タレ、自家製だし汁

ラー油

非常に香りの強い油で、ラーメンや
サラダにパンチを利かせるのに最適。

下準備：5分

加熱：20分

材料（160ml 分）

揚げ油 … 160ml
粉末赤トウガラシ … 30g
生の白ゴマ … 8g
乾燥ミカンの皮 … 5g
ローリエの葉 … 3枚
八角 … 2個
ナツメグの実 … 1個
花椒 … 小さじ1
黒酢 … 大さじ1
塩 … 2g

1. 耐熱温度が180℃までの容器に粉トウガラシ、ゴマ、塩
   を入れて混ぜ合わせる。
2. 片手鍋に油とその他のスパイスをすべて入れて180℃で
   熱する。次に網杓子でスパイスを取り出し、200℃にな
   るまで熱し続ける。火を止め、油の温度が175℃に下が
   るまでそのままにしておく。油を3回に分けて、トウガ
   ラシの入った容器に注ぎ入れ、黒酢を加える。油が泡立っ
   ても大丈夫。油を冷ましてから、小さな広口瓶に濾さな
   いでそのまま移し、冷蔵庫で保存する。少なくとも3ヵ
   月は保存できる。

ゴマダレ

冷やしラーメンの味付けに。

下準備：5分

材料(4人分)

ゴマペースト … 大さじ2
薄口醤油 … 小さじ2
水 … 100ml
グラニュー糖 … ひとつまみ
塩 … ひとつまみ

1. ゴマペーストをボウルに入れる。
2. 水を少しずつ、絶えずかき混ぜながら注ぎ入れる（はじめのうち、ゴマペーストは固まっているが、徐々にゆるんでくる）。
3. 塩、醤油、砂糖を加える。全体をよく混ぜ合わせる。このタレは冷蔵庫で2~3日保存できる。

万能醤油ダレ

餃子、サラダなどのベーシックの味付けに。

下準備：2分

材料(4人分)

薄口醤油 … 大さじ3
水 … 大さじ2
ゴマ油 … 数滴（お好みで）
黒酢 … 大さじ3
グラニュー糖 … ひとつまみ

1. ボウルに醤油とその他の材料をすべて入れて、混ぜ合わせる。

鶏のだし汁

下準備：15分
加熱：2時間

材料(だし1.5l分)

中サイズの若鶏 … 1羽(1.5kg)
ネギ … 3本
八角 … 1個
皮つきショウガ … 20g
花椒 … 5g
水 … 3.5l
紹興酒 … 50ml
塩 … 小さじ1

1. 大きな鍋に若鶏を入れ、水2lを加えて火をつけて沸騰させる。ときどき灰汁をすくいながら5分間、煮立たせる。
2. 鍋から鶏を取り出し、茹で汁を捨て、鍋を洗って汚れを取り去る。
3. 鍋に水1.5lを入れ、強火で加熱する。じゅうぶんに高温になったら、若鶏とそのほかの材料（塩を除く）をすべて入れる。沸騰したら火を弱める。1時間30分から2時間、弱火で煮る。
4. 火を止める30分前に塩を加えて混ぜ合わせ、そのまま加熱を続ける。火を止め、少し冷ましてから、ザルで濾す。
5. 茹で上がった若鶏は、醤油少々、ゴマ油数滴、小口切りにしたネギ、みじん切りにしたショウガとともに若鶏のサラダにするとよい。

伝統的な市場

伝統的な市場を訪れると、地方の食文化がよくわかります。

中国でもスーパーマーケットがどんどん増えていますが、伝統的な市場はやはり独特な味わいがあります。街の顔と言っていいでしょう。その土地の産物や旬の食材、個性豊かな店主たち、方言での会話、群衆、陳列台にならんだばら売りの商品の数々。さらには、山東省の焼き餅、天津煎餅、新疆ウイグル自治区の羊肉の串焼き、地方色豊かなさまざまな菓子や砂糖菓子などを売る行商人たちであふれかえっています。

レストラン

中国のレストランは必ず地方別に、あるいは料理別（麺類、餃子、鍋料理、点心など）の専門店になっています。レストランには３つのタイプがあります。
手ごろな値段ですばやく食事ができる軽食堂、地元の住民が食事の時間を過ごす小さなレストラン、（誕生日や結婚、出産などの）祝い事のために家族や友人たちと集う高級レストランです。

麺専門店

餃子専門店

中国茶専門店

四川料理専門店

軽食堂や小さなレストランでは、客は店内の席か屋外のテラス席に座ります。給仕人はいないか、いてもごく少人数で、自分で注文をしてレジで支払います。カトラリーやタレ類、ナプキンペーパーなどが置いてある場所があり、自分で取りに行きます。

高級レストランは、たいてい郷土料理別または
料理の種類別に分類されています。

北京ダック専門
レストラン

広東点心専門
レストラン

四川料理専門
レストラン

箸の使い方と
正しいテーブルマナー

中国の食文化の特徴のひとつは、箸を使うことです。

伝説によると、2本の枝を折って熱い料理が冷めるのを待たずに食べることを思いついたのは、夏王朝（紀元前2000年ごろ）の創設者、大禹だと言われています。実際のところは、誰が、いつ、箸を発明したのか、正確なことはわかっていません。中国の箸は一方の先端は四角い断面で、もう一方の先端になるにつれて丸くなっています。長さは日本や韓国の箸より長く、木や竹でできているものが多いですが、昔の貴族の家では象牙やヒスイや銀の箸が使われていました。

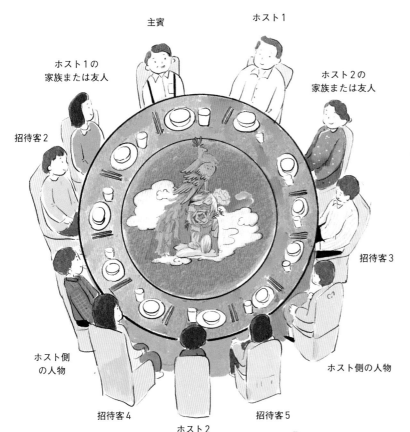

主賓

ホスト1

ホスト1の
家族または友人

ホスト2の
家族または友人

招待客2

招待客3

ホスト側
の人物

ホスト側の人物

招待客4

ホスト2

招待客5

レストランでのかしこまった食事では、ホストと主賓は必ず部屋の入口に向き合う位置に座ります。

注文をするのはいつもホストです。そのレストランの自慢料理を知らないかもしれない招待客を困らせるため、また、招待客がふさわしくない料理を注文したり、ホストが払えないほど高額な料理を注文したりすることを防ぐためです。もちろん、ホストは招待客に敬意を表して、まず、招待客に好きな料理を尋ねますが、招待客は丁重にこう答えます。「あなたが選ばれるものをいただきます」

正しいテーブルマナー

ホストが箸をとるのを待ってから自分の箸をとります。ほかの会食者たちが箸を持たないうちに料理をとりはじめるのはよくありません。

高級レストランで食事をするとき、各々の箸はごはん茶碗か取り皿の右側の箸置きの上に置かれます。料理をとる箸は、それぞれの箸の右に置かれています。食事が終わったら、箸は自分の前に横にして置きます。

ごはんは茶碗を片方の手に持ち、もう一方の手で箸を使って食べます。

してはいけないこと

ごはん茶碗の中に箸を突っ込む。

箸を舐めたり、しゃぶったりする。

テーブルでくしゃみをしたり、洟をかんだりする。

2本の箸を交差させる。

箸を持ったまま、ほかの客に話しかける。

郷土料理

中国は、表情豊かな風景が広大な国土に広がっています。
肥沃な平野、山々、砂漠、長い川、非常に長い海岸線など。
気候も、亜寒帯気候から亜熱帯気候までさまざまです。
このように多様な風土のおかげで、
産物は非常に豊富でバラエティに富んでいます。
各地方の料理はユニークで、それぞれ固有の土地柄、
風習、伝統による特徴があります。

ウイグル風
鶏肉の煮込み

大盤鶏

甘粛省

陝西省

新疆ウイグル
自治区

峨嵋全羊

蘭州拉面

仔羊のロースト

ナン
(ウイグル風パン)

ロウジアモー
肉夾饃

蘭州ラーメン

ヤンロウパオモー
羊肉泡饃(ちぎりパン入り
仔羊のスープ)

糌粑

チベット
自治区

酥油茶

ゴンバオジーディン
宮保鶏丁(若鶏とナッツの
ピリ辛炒め)

魚のピリ辛煮込み

川菜

ヤクの
バター茶

麻婆豆腐(p.77)

ツァンパ
(大麦とバターの菓子)

ユンバイロウ
雲白肉
(豚バラ肉のニンニクソースかけ)

グオチャオミーシエン
過橋米線(ライスヌードル)

四川省

雲南省

ショウジュワファン
手抓飯(タイ族
伝統の米料理)

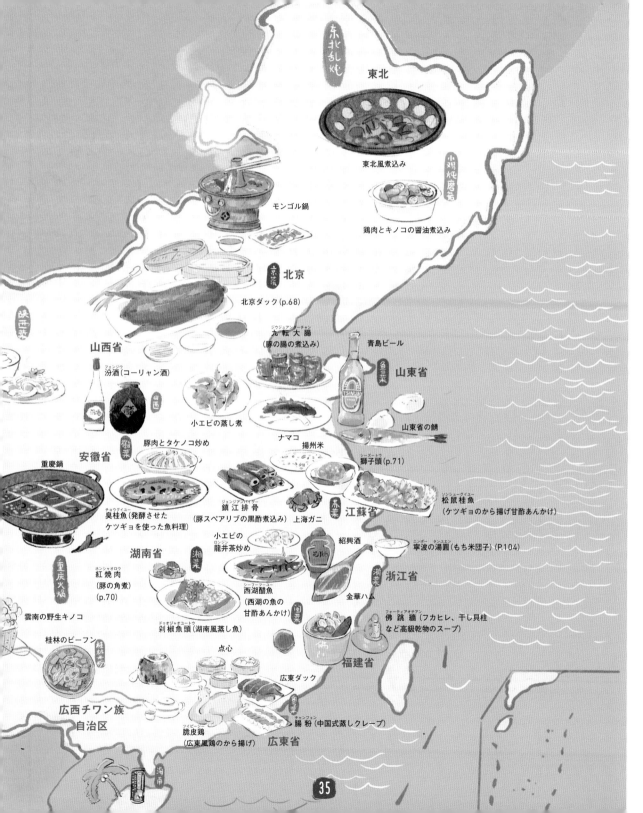

東北乱炖

東北

東北風煮込み

小鸡炖蘑菇

鶏肉とキノコの醤油煮込み

モンゴル鍋

北京流

北京

北京ダック(p.68)

陕西菜

山西省

九 転 大 腸
(豚の腸の煮込み)

青島ビール

鲁菜

山東省

汾酒(コーリャン酒)

山西

徽菜

小エビの蒸し煮

ナマコ

山東省の鯖

安徽省

豚肉とタケノコ炒め

揚州米

獅子頭(p.71)

重慶鍋

鎮江排骨
(豚スペアリブの黒酢煮込み)

上海ガニ

苏菜

江蘇省

松鼠桂魚
(ケツギョのから揚げ甘酢あんかけ)

臭桂魚(発酵させた
ケツギョを使った魚料理)

湖南省

小エビの
龍井茶炒め

湘菜

紹興酒

浙菜

寧波の湯圓(もち米団子)(P.104)

浙江省

重庆火锅

紅焼肉
(豚の角煮)
(p.70)

西湖醋魚
(西湖の魚の
甘酢あんかけ)

金華ハム

雲南の野生キノコ

剁椒魚頭(湖南風蒸し魚)

闽菜

佛跳墻(フカヒレ、干し貝柱
など高級乾物のスープ)

桂林のビーフン

点心

桂林米粉

広東ダック

福建省

広西チワン族
自治区

脆皮鶏
(広東風鶏のから揚げ)

腸粉(中国式蒸しクレープ)

粤菜

広東省

海南

35

八大中国料理

四川料理 (川菜) <ruby>チュワンツァイ</ruby>

中国の南西部に位置する四川は「4つの川」という意味です。その地理的影響により、四川料理は豊かで複雑な風味の料理になっています。

四川料理には7つの風味や食感があると言われています。それは、塩味、甘味、苦味、酸味、辛味(トウガラシ)、しびれ(四川胡椒)、香味(ニンニク、ショウガ、そのほかの香味料)です。

四川料理は、複数の風味をブレンドして生み出された複雑な風味が特徴です。たとえば、マーラー (麻辣)は花椒と乾燥トウガラシを組み合わせたもの、ユーシャン(魚香)は豆板醤、お酢、砂糖、醤油を混ぜ合わせたもの、グワイウェイ(怪味)は「不思議な」味で、甘味、酸味、塩味、辛味、しびれ、そして旨味のすべてをブレンドしたもので、冷たい料理のタレによく使われます。

広東料理 (粤菜) <ruby>ユエツァイ</ruby>

広東料理はおそらく世界中でもっともよく知られた有名な中国料理です。料理の種類の豊富さは、食材の選択肢の多さ(「テーブル以外の4本脚のものと飛行機以外の飛ぶものは何でも食べる」と言われている)、調理方法の多様さなどに表れています。高級な料理だけでなく大衆的な料理も数多くあります。

外国ではあまり知られていませんが、スープやだし汁こそ広東料理の神髄と言っても過言ではありません。スープにはおいしさを味わう喜びを求めるだけでなく、健康によいという点(養生、p.88を参照)も重視されます。季節や体調に応じて食材を選びます。お粥(p.63を参照)は広東料理の特徴のひとつです。広東のお粥はたいてい塩味で、魚介類、肉、卵などさまざまな具材が入っています。

山東料理 (魯菜) <ruby>ルーツァイ</ruby>

中国東部、北京の南東にある山東省は海産物、穀物、野菜が豊富な地方です。かつてドイツの租借地だった青島市は青島ビール(青島啤酒)が有名で、このビールは世界中で販売されています。山東料理は北方料理の影響を強く受けてきました。よく知られている料理には、鮁魚餃子(サワラの水餃子)、四喜丸子(豚肉団子のチキンスープ煮)、油焖大虾(エビの油炒め)などがあります。

浙江料理 (浙菜) ショーツァイ

浙江省は昔から経済・文学の中心地であると同時に、おいしい料理とお酒で知られる地方です。有名な紹興酒（紹興花雕酒 シャオシンホワディアオジウ）や金華ハム（金華火腿 ジンホワホウトゥイ）はこの地方の産物で、寧波市の湯圓（寧波湯圓 ニンポータンユエン）(p.104のレシピを参照)や西湖の魚の甘酢あんかけ（西湖醋魚 シーフーツーユー）も外せません。

江蘇料理 (蘇菜) スーツァイ

揚子江が横断し、大運河のある江蘇省は湖や川の多い地方で、「魚と米の郷」（魚米之乡 ユーミージーシアン）と呼ばれています。この地方の料理の特徴のひとつは、食材の新鮮さです。よく知られている料理には、獅子頭 シーズートウ(p.71を参照)、揚州炒飯 チャーハン(p.64を参照)、無錫市 ウーシー のスペアリブなどがあります。

福建料理 (闽菜) ミンツァイ

福建料理は上品ですが、味は淡泊で、タレをかける料理やスープ（湯菜 タンツァイ）が人気です。たとえば、フカヒレやさまざまなキノコ、ハムなどの高級食材を5~6時間煮込んだ 佛跳牆 フォーティアオチアン というスープが有名です。調味料に紅糟（紅麹の酒粕を使った調味料 ホンザオ）を使うのも福建料理の特徴です。

湖南料理 (湘菜) シアンツァイ

三方を山に囲まれた湖南省の夏は蒸し暑いことで有名です。そのため、この地方では酸味のあるスパイシーな味が好まれますが、野菜や発酵肉もよく食べられています。発酵赤トウガラシ（剁椒 ドゥオジアオ）はこの地方の名物です。

安徽料理 (徽菜) フイツァイ

安徽省は広大な平原、野生林、山岳地帯がある内陸地方です。キノコやタケノコが豊富にとれ、野生の動物や淡水魚もたくさんいます。

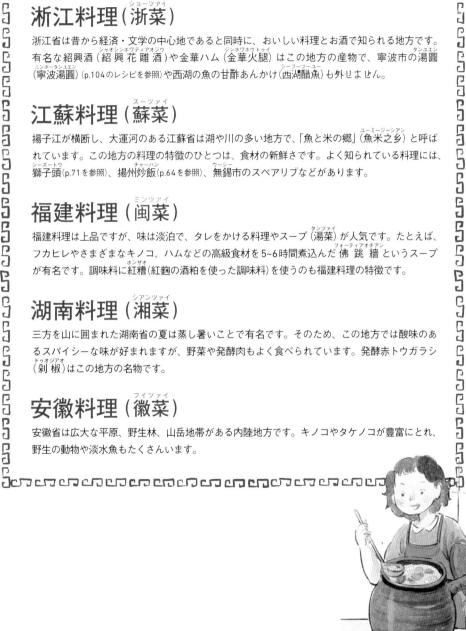

北京ダックは小麦粉でできた薄い皮、キュウリ、ネギといっしょに出されます。アヒルの肉をキュウリ、ネギといっしょに皮で包んで食べます。

北京料理

数世紀前から中国の首都となっている北京はさまざまな文化が入り交じった都市です。現在の北京料理は4種類の料理、つまり、ハラル料理、宮廷料理、貴族料理、山東料理が交ざっています。よく知られている料理には、北京ダック(宮廷料理)、羊肉鍋(モンゴル料理)、北京小吃というスナックのような甘い食べ物や塩味の強い小皿料理(ハラル料理や宮廷料理)があります。

炸 醤 麺は発酵させた
大豆ペーストからつくられます。

モンゴル鍋、または羊肉鍋は、羊肉の薄切りをゴマダレといっしょに食べる鍋料理です。ゴマや香辛料が入ったパンが添えられることもあります。

西南料理
(雲南省、貴州省、広西チワン族自治区)

もっとも多様な民族文化が混在する西南地方の料理は、一言で表すことができないほどバラエティに富んでいます。雲南省では200種類以上のキノコがとれ、広西チワン族白治区ではライスヌードルが日々の生活に欠かせません。貴州省の料理は発酵食品が重要な役割を担っています。

豚バラ肉の薄切り、発酵野菜、
トウガラシの入った桂林ビーフン

発酵させたトウモロコシが
ベースの茅台酒

野生キノコの雲南鍋

西北料理
(陝西省、寧夏回族自治区、甘粛省、新疆ウイグル自治区)

西北地方の料理のなかでも、とくに陝西料理は小麦などの穀物がよく使われ、香味料やトウガラシで味を引き立たせる料理が好まれます。小麦を使った料理としてよく知られているのは、ちぎりパン入り仔羊のスープ、肉を挟んだ蒸しパン、麺類、ナン、伝統的な窯で焼いた丸い大麦パンがあります。

羊肉の串焼き

手でちぎった白吉饃
(陝西名物の白い蒸しパン)
入り仔羊のスープ

新疆ウイグル自治区の
伝統的な窯で焼いたナン

中国の農産物

新疆ウイグル自治区の
メロン、ブドウ、羊肉

哈密瓜

新疆

烤全羊

西北の羊肉、
ヤギ肉、牛肉

手抓

甘粛バラ

玫瑰花干

宁夏

枸杞

クコの実

紅塩、サフラン、
冬虫夏草

青海

青海

牦牛肉

甘粛

青稞酒

藏红花

冬虫夏草

湖塩

ヤクの肉、ビール、
湖塩

西藏

玫瑰盐

重庆

郫县豆瓣

老坝

榨菜

茅台酒、
烏骨鶏

四川

ザーサイ、豆鼓、豆板醤

贵州

キンモクセイの花

普洱茶

火腿

プーアル茶、ハム、
野生キノコ

タロイモ

云南

野生菌

40

海南

内蒙古

干し牛肉

東北のニンジン、松の実

东北

東北の米、小麦

北京 天津 河北

松栗 山西

トウモロコシ酢、栗

河南

ニンニク

河南牡丹

山东

苹果 小米

大白菜 鸭梨

ハクサイ、キビ

上海ガニ

江苏

黄山緑茶

黒酢

湖北

レンコン

野蒜

安徽

紅茶

浙江

湖南

江西

干し肉

キウイ、オレンジ

龍井茶、シルク

福建

岩茶

パイナップル、そのほかの台湾産フルーツ

广西

广东

烏龍茶、乾燥ソーセージ、陳皮(発酵したミカンの皮を乾燥させたもの)

台湾

米の栽培は5000年前から中国農村の生業の大部分を占めており、住民の主食になっています。稲作地は主に揚子江流域、珠江デルタ、西南地方にあり、農耕面積全体の約25%を占めています。麦の栽培地は、稲作地と同様にもっとも肥沃な東部に集中しています。

中国において農業は重要な経済部門のひとつで、農村人口は5億人以上です。中国は小麦、米、ジャガイモ、数々の野菜・果物(ナス、ハクサイ、トマト、リンゴ、桃、ミカンなど)の世界最大の産地とも言われています。

节气——二十四節気

节气（ジエチー）

立春には春餅（チュンビン）（小麦のクレープで肉、野菜、卵などの具材を包む）を食べます。

 春

春の六節気

立春

春のはじまり

雨水

雪が雨に変わる

惊蛰（啓蟄）

冬眠していた動物たちが
目を覚ます

春分

昼夜の長さが同じ

清明

すべてのものが
明るく輝く

谷雨（穀雨）

穀物を潤す
雨が降る

昔、中国の人びとは太陽の1年間の動きを24の区分に分け、节气<ruby>节气<rt>ジエチー</rt></ruby>（季節の移り変わる区分）と名づけました。これは、農作業の自然との関わりを何世代にもわたって観察してつくられたものです。各区分の名前はその時期の自然や農作業の変化を表しています。二十四節気は、2016年にユネスコの無形文化遺産に登録されました。

夏の六節気

立夏には
五色ごはんを食べます。

立夏
夏のはじまり

小満
麦の種子が少し膨らむ

芒种
（芒種）
麦や稲の穂が形成される

夏至
昼の長さがもっとも長い

小暑
暑くなり
はじめる

大暑
もっとも
暑い時期

お茶といっしょに
ふかしたサツマイモや
タロイモを食べます。

秋

秋の六節気

立秋

秋のはじまり

処暑

（処暑）
暑さがおさまる

白露

白い露が草に降りる

秋分

昼夜が同じ長さ

寒露

冷たい露が降りる

霜降

気温が下がって
霜が降り、氷が張りはじめる

新年を迎えるために
大掃除をします。
冬至には湯圓を食べます

冬の六節気

立冬

冬のはじまり

小雪

雪がちらつく

大雪

大雪が降る

冬至

一年のなかで
昼がいちばん短い

小寒

少し寒い

大寒

非常に寒い

主 食

　　中国料理では、でんぷん質がベースの主食と、
肉、野菜、卵、豆腐が中心の菜(ツァイ)(おかず)を区別します。
　　主食は中国人の生活に欠かせないもので、
仕事を失ったことを「ごはん茶碗をなくした」と言うほどです。

ワンタン

ワンタンはスープやだし汁に入れて食べる小さな餃子のような食べ物です。
その形と餡は地方によってさまざまです。

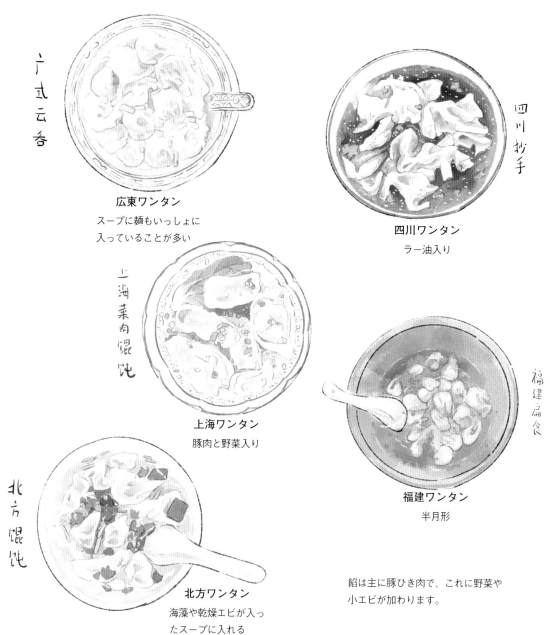

広武云吞

広東ワンタン
スープに麺もいっしょに
入っていることが多い

四川抄手

四川ワンタン
ラー油入り

上海菜肉馄饨

上海ワンタン
豚肉と野菜入り

福建扁食

福建ワンタン
半月形

北方馄饨

北方ワンタン
海藻や乾燥エビが入っ
たスープに入れる

餡は主に豚ひき肉で、これに野菜や
小エビが加わります。

豚肉とエビ入りワンタン

材料(20個分)

ワンタンの皮 … 20枚

餡

豚ひき肉 … 100g
殻をむいた生エビ … 100g
ネギ … 1本
ショウガ … 5g
薄口醤油 … 大さじ1
紹興酒 … 大さじ1
植物油 … 大さじ1
ゴマ油 … 小さじ1
粉コショウ … 小さじ½

スープ(1人分)

薄片にカットした乾燥海藻 … 1枚
ネギのみじん切り … 小さじ1
沸騰した湯または鶏のだし汁 … 150g
薄口醤油 … 小さじ1
ゴマ油 … 小さじ1

1. ショウガはみじん切り、ネギは薄切り、エビは1cmの小口切りにする。
2. 大きなボウルに豚ひき肉を入れ、紹興酒を加え、手で同じ方向に回しながらすばやくひき肉と混ぜ合わせる。醤油を加えてふたたび1分間混ぜる。エビ、植物油とゴマ油、コショウ、ショウガ、ネギを加え、さらに混ぜ合わせる。
3. ワンタンの皮を1枚手にとり、皮の縁を水で軽く濡らす。皮の中央に小さじ1杯分の餡を置く。皮を対角線に少しずらして折りたたみ、次に右から左にひだをつくり、最後に一方の手の人差し指と親指でぎゅっと締めて巾着の形にする。縁がしっかりくっつくように、もう一度、少し力を入れてつまむ。
4. 沸騰した湯にワンタンを入れて茹でる。ワンタンが表面に浮き上がってきたら、網杓子でワンタンを取り出す。
5. 各どんぶりにスープの材料をすべて入れ、ワンタンを加え、最後に沸騰した湯または熱いだし汁を注ぐ。

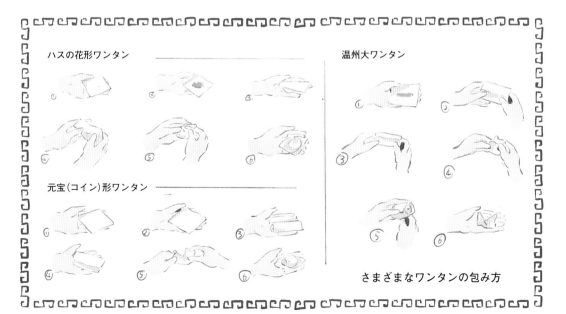

ハスの花形ワンタン

元宝(コイン)形ワンタン

温州大ワンタン

さまざまなワンタンの包み方

麺と生地

中国で"面"と言えば、
小麦粉でつくった麺のことです。
そもそも、面を表す中国の古い文字「麺」には
「麦」という字が入っています。

中国には信じられないほどたくさんの種類の麺があります。麺の形、具材、スープは地方によってさまざまです。麺好きの人たちは、それぞれ麺や生地に対する好みがはっきりしています。彼らは伝統的な市場やスーパーで自分の好みの麺をすぐに見つけます。パック入りの乾燥麺は、買い物に行く時間がないときなどに使われます。

中国では、麺を茹でたあとにすすぎません。熱いまま、茹で汁が少し麺についた状態で置いておくこともあります。そうすることで、タレが麺によくなじむのです。

ラーメン(手延べ麺)

長時間こねたあと、寝かせた生地を何度も何度も引っ張って延ばし、最終的に太さがまちまちの麺ができあがります。

竹升麺(卵入り麺)

広東の名物麺です。生地の成分は小麦粉と卵です。伝統的な製法で、長い竹筒に全体重をかけて押しながら生地をこねます。

刀削麺(削り麺)

こねて塊にした生地を麺専用の包丁で少し長めの薄片に削り取り、そのまま鍋に落として茹でます。山西省の名物です。

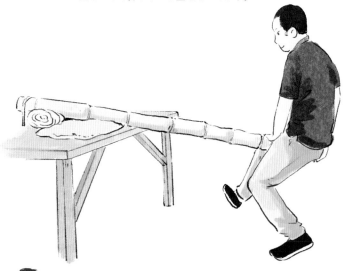

長寿麺

索麺とも呼ばれるこの麺は、非常に細くて長い麺で、たいていは乾燥させたものが売られています。スープに入れるか、タレにつけて食べます。この麺は長寿のシンボルで、誕生日の食事には欠かせない料理です。

ビャンビャン麺

小麦粉ベースの生地で、まず小さな楕円形の生地をいくつかつくり、それぞれの真ん中に 箸で水平の線をつけ、両端を手で引っ張って長いベルト状にします。次に箸で入れた線にそって、両手で2本に引き裂きます。

挂麺（ぶら下げ麺）

特有の技法で乾燥麺を製造します。生の麺ができあがると、物干し棒にぶら下げ、日光に当てて自然乾燥させます。

切麺（包丁切り麺）

一般的な方法でつくられた生麺です。こねた生地を大きな薄い餅状に延ばし、丸めて、好みの太さの薄切りにします。

剪刀麺（ハサミ切り麺）

面白い方法でつくられる麺です。こねた生地をハサミを使って楕円形の小片に切ります。

中国の人びとは生地の食感にとてもこだわります。そのため、筋道や弾牙と言われる「歯の上で弾む」食感を出すために、生地の打ち方や茹で方がきわめて重要です。それは、パスタの茹で加減を表す「アルデンテ」とはまた違った概念なのです。

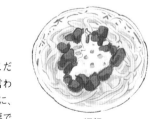

切麺

ラーメン

剪刀麺

𰻝 𰻝面

ビャンビャン麺

<u>材料</u>

小麦粉 … 200g
水 … 100g
塩 … 2g

1. 小麦粉と塩を混ぜ、水を少しずつ加え、箸またはフォークでよく混ぜ合わせる。この段階で生地がまだなめらかでなくても、大丈夫。たくさんできている小さなダマを手で集めてひとつにし、生地がムラなくなめらかになるまでしっかりこねる。
2. これをボウルに入れ、湿らせた布巾をかぶせて30分から1時間寝かせる。
3. 生地を6等分する。それぞれを楕円形に成形してならべる。
4. それぞれの生地に油を薄く塗り、食品用ラップをかぶせて30分寝かせる。
5. 楕円形の生地を調理板に横にして置き、めん棒で細長くのばす。中央に箸で水平の線をつける。このとき、底まで突き破らないように注意する。
6. 両端を手で持ち、左右に引っ張って延ばし、非常に長いベルト状（1m以上）にする。延ばした生地の真ん中を持って、すばやく縦に引き裂くと、長い2本のベルト状の麺ができる。残りの生地も同様にする。できた麺を沸騰した湯の中で2~3分茹でる。水切りをして好みの具材といっしょに器に入れて出す。

トマト卵ラーメン

下準備：10分

加熱：15分

材料(2人分)

好みの生麺…250g

卵…2個

ネギ…1本

トマト…中3個

植物油…大さじ1

砂糖…小さじ1

塩…小さじ½

コショウ…適宜

ゴマ油…お好みで

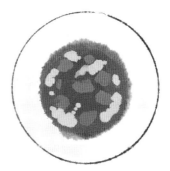

ラーメンのつくり方

1. 1.5lの水を沸騰させ、好みの生麺を2~3分茹でる。水気を切り、調理したトマトと卵を混ぜ合わせる。
2. 生麺は自分で打ってもいいし、市販の中華麺を使ってもよい。

具材のつくり方

1. ボウルに卵を割り入れ、溶きほぐしておく。ネギを小口切りにする。トマトを洗って、さいの目に切る。
2. 中華鍋に植物油を入れ、強火で熱する。溶き卵を加え、箸かフォークでかき回す。卵に火が通ったらすぐ皿に移す。
3. トマトを中華鍋に入れ、やわらかくなるまで加熱する。卵を中華鍋に戻し入れ、ネギを加える。次に薄口醤油、砂糖、塩、コショウを加える。卵にトマトの汁がしっかり染み込むまで、1~2分弱火で加熱する。最後にゴマ油数滴を垂らして仕上げる。

風味を引き立てるためにラー油(p.24)を少々加えてもいい。

餃子

餃子は小麦粉ベースの生地に肉や野菜、魚介類など
さまざまな食材を包んで半月形にしたもの。中国北部で生まれた料理で、
大切なイベントの食事にも、日常の食事にもよく出されます。
餃子は蒸したり、茹でたり、焼いたりして食べます。餃子づくりは本当に楽しく、
遊ぶような感覚であると同時にとても芸術的な作業です。

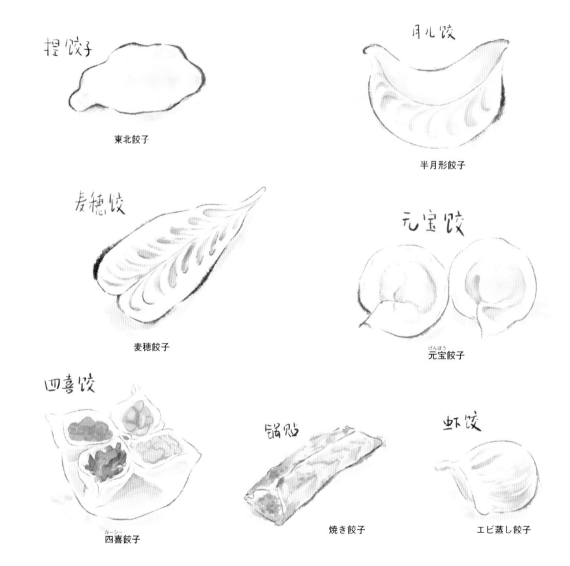

東北餃子

半月形餃子

麦穂餃子

元宝餃子

四喜餃子

焼き餃子

エビ蒸し餃子

餃子の生地（水餃子用）

小麦粉 ⋯ 250g
水 ⋯ 125g
塩 ⋯ ひとつまみ

餃子の生地（蒸し餃子または焼き餃子用）

小麦粉 ⋯ 250g
熱湯 ⋯ 175ml
塩 ⋯ ひとつまみ

1. 小麦粉と塩をサラダボウルに入れる。
2. 水を少しずつ注ぎ入れながら箸またはフォークで小さなダマができるまで混ぜ合わせる。
3. 生地がムラなくなめらかになるまで5分ほど手でこねる。
4. 湿らせた布巾をかぶせ、常温で15~30分寝かせる。

餃子の皮のつくり方

生地を細い棒状にし、団子くらいの小片にカットする。それをひとつずつを平たくして小さな餅の形にする。さらに麺棒で薄く延ばし、薄い円盤状にする。

皮は乾燥しやすいので、一度に全部つくってしまわないように。もっともよい方法は、まず円形の皮を5~6個つくり、餡を包む。ふたたび皮を5~6個つくり、餡を包む。調理板に粉を振っておくのを忘れないこと。

豚肉入り東北餃子

豚ひき肉 … 300g
中くらいの白ネギ … 2本
刻んだショウガ … 3片
薄口醤油 … 大さじ2
紹興酒 … 大さじ1
ゴマ油 … 小さじ1
植物油 … 大さじ2
塩 … ひとつまみ
砂糖 … 小さじ½

1. ひき肉に紹興酒、砂糖、薄口醤油を加えて混ぜ合わせる。ショウガを刻んで加え、さらに混ぜる。ゴマ油を加えて、もう一度混ぜ合わせる。
2. 白ネギをごく薄い小口切り（厚さ1mm）にし、1に加えて混ぜる。塩、植物油の順に加えて、さらによく混ぜ合わせる。
3. 左手に餃子の皮をのせて中央に小さじ山盛り1杯の餡を置き、皮を二つ折りにし、縁を親指と人差し指でしっかり押さえて閉じる。包んだ餃子は粉を振った調理板にならべておく。大きな片手鍋に1.5lの水を沸騰させる。餃子の半量を入れて5~6分茹でる（餃子が湯の表面に浮き上がってきてからさらに1分茹でる）。網杓子ですくい上げる。残りの餃子も同様に茹でる。

鍋貼(焼き餃子)
グオティエ

餃子の皮のつくり方にしたがって皮をつくる(p.55)

チンゲンサイ … 600g
シイタケ … 60g
ネギ … 2本
ショウガの薄切り … 3片
ゴマ油 … 小さじ2
植物油 … 大さじ2
粗塩
塩 … コショウ
小麦粉 … 小さじ山盛り1
水 … 600ml
黒酢 … 小さじ1
加熱用の植物油

1. 餡をつくる。チンゲンサイ、シイタケをみじん切りにしてボウルに入れ、混ぜる。そこに刻んだショウガを加え、ゴマ油を加えて、もう一度混ぜ合わせる。
2. ネギをごく薄い小口切り（厚さ1mm）にし、1に加えて混ぜる。塩、植物油の順に加えて、さらによく混ぜ合わせる。
3. 次に餡を包む。餃子の皮の中央に小さじ山盛り1杯の餡を置き、両端を中央に寄せ、強くつまんでくっつける。加熱中に蒸気が逃げるように両先端をほんの少し開けておく。
4. フライパンに油を薄く引き、強火で熱する。餃子をフライパンにならべ、約1分、焼き色をつける。
5. 小さなボウルに水、黒酢、小麦粉を入れて混ぜ、フライパンに注ぎ入れる。蓋をして、水分がなくなるまで中火で7~8分加熱する。こうすると、とても薄いレースのような、金色のきれいな羽根ができる。

点心

かわいらしい一口サイズのこの料理は世界中で大人気です。
点心を食べるのは本当に楽しいひとときです。なぜって、家族や友人と
さまざまな点心をたくさん楽しめるのです。バラエティに富んだ蒸し餃子、
ダイコンやヒシの実でできたケーキ、チャーシュー入りの丸いパン、
中からおいしいスープがあふれ出す小さな包子、揚げた春巻き、そしてもちろん甘いお菓子も。
すべての点心を紹介するのは不可能なほど、たくさんあります。

馬拉羔（マーラーガオ）
卵と小麦粉でつくった蒸しパンで、ふんわり
とやわらかく、とっても甘いお菓子。

シュウマイ
一口サイズのこの点心は、上部が開いたコル
ク栓のような形。たいてい、小麦粉ベースの
皮に豚肉が包まれている。

蝦餃（エビ蒸し餃子）（ハーガオ）
浮き粉[小麦粉からグルテンを取り除いたもの]ベー
スの透明な皮でエビを包んだ蒸し餃子。

叉焼包（チャーシューまん）（チャーシャオバオ）
発酵生地でつくったパンに広東チャーシュー
を詰めたもの。

春巻き
野菜、豚肉、または海老を小麦粉ベースの皮
で巻いて揚げたもの。

鍋貼（焼き餃子）（グオティエ）
伝統的な点心の料理ではないが、非常に人気
があるため、点心レストランのメニューにの
っていることが多い。

小籠包
もともとは点心ではなかったが、これもとて
も人気で、今では世界中のほとんどの点心レ
ストランで食べることができる。餡がスープ
といっしょに包まれている小さな包子。

パン

中国には、発酵させた生地でつくられた食品がとてもたくさんあり、
形や食感、加熱方法の違いを楽しめます。甘いものもあれば、塩味のものもあり、
味のついていないものもあります。

包子
バオズ
餡入りの小さな蒸しパン。甘いものもあれば、塩味のものもある

カスタードまん。
塩味のカスタードクリーム入り包子

クルミまん。
クルミの形をしたパン

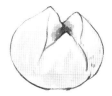

チャーシューまん。窯で照り焼きにした
豚肉（チャーシュー）が入った蒸しパン

上海名物の焼き小籠包

カニみそスープが
入った小籠包

小籠包。
豚肉とスープが入った小さな包子

江蘇省の鶏肉と
タケノコ入り包子

ウイグルサムサ。新疆ウイグル
自治区の名物で、窯で焼く包子

河南省の小籠包

砂糖とラードが入った
四川省の包子

刈包。小さな半月形の台湾式ハンバーガー。
蒸しパンに煮込んだ豚バラ肉が挟んである。台湾の名物
グワバオ

天津の豚肉入り包子

東北名物のキビ団子。
キビの生地でつくった包子

バターを挟んだ
パイナップル形のクッキーパン

花巻
ホアシュエン

小さな渦巻きパン。味
つけされていないもの
や塩味、甘い味のもの
がある

ナン

伝統的な石炭窯の内壁に張り付けて
焼く丸い大きなパン。新疆ウイグル
自治区の名物

フライパンまたは
伝統的な窯で焼く平らなパン

さまざまな形の陝西省のパン

長寿蒸しパン

餅
ビン

フライパンで焼いたパイ生地のお菓子。味のつ
いていないものや塩味のもの、またほんのりと
甘いものもあり、ゴマダレをつけて食べる

肉夾饃
ロウジアモー

小さな丸いハンバーガーで、香辛料とともにじっ
くり煮込んだ豚肉が挟まれている。陝西省の名物
で、中国全域でよく知られたストリートフード

豚肉とネギ入り包子

包子は中国で人気のあるストリートフードのひとつです。
朝食や昼食に、また間食としても、日中のどんな時間帯でも食べることができます。

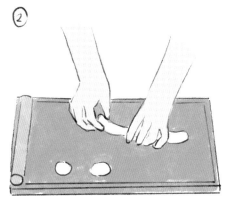

材料（15個分）

包子の生地

薄力粉 … 300g
イースト … 3g
グラニュー糖 … 大さじ1½
ぬるま湯 … 170g

包子の餡

東北餃子の餡のつくり方を参照(p.56)

1. 生地をつくる。サラダボウルに小麦粉とグラニュー糖を入れて混ぜ合わせる。小さなボウルにイーストを入れて少量のぬるま湯で溶かし、3~5分間泡立てる。これを小麦粉の入ったサラダボウルに少しずつかき混ぜながら注ぎ入れる。残りのぬるま湯を加えてさらに混ぜる。生地がなめらかになるまで5分ほどこね、濡れ布巾をかぶせて少し暖かい場所で1時間から1時間半、寝かせて発酵させる。

2. 生地を棒状にし、次に同じ大きさの小片に細分する。それぞれを押さえて小さな餅の形にし、直径8~9cm（中央が4mm、縁が2mmの厚み）の円形にしてならべる。

3-6. 円形生地の中央に大さじ山盛り1杯の餡を置く。左手で餡をのせた生地を持ち、右手の親指と人差し指で右端をつまんで最初のひだをつくる。左手の人差し指は皮の外側に置いたまま、左手の親指を生地の内側に置いて餡を軽く押さえる。左手の人差し指で皮を上に押し上げ、右手の人差し指と親指で皮をつまみ、ひとつ目のひだの上にふたつ目のひだをつくる。この動作を繰り返し、15~17のひだをつくる。

④

7. セイロに、(ハサミで) 穴をあけたクッキング・ペーパーを敷き、間隔をあけて包子をならべる。蓋をして30~45分間寝かせる（この第二発酵は非常に重要。なぜならこの発酵で包子がすべすべになり、艶が出るから）。(セイロと同じサイズの) 鍋の下半分に水を満たす。セイロを鍋の上に置き、点火して沸騰させる。沸騰したらすぐに火力を弱め、15分間、弱火で加熱する。火を止め、5分間、そのまま置いてから蓋を取る。

⑤

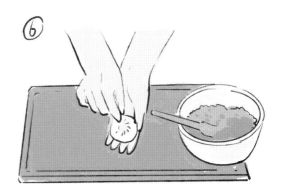

⑥

包子という言葉は、もとは「小さな巾着」または「小さな袋」という意味です。たとえば、お金という意味の文字「銭」+「包」は「財布」という意味で、背中という意味の文字「背」+「包」は「リュックサック」という意味になります。

包子は、3世紀に中国北部で初めてつくられましたが、当時は「マントウ（饅頭）」あるいは「モモ」と呼ばれていました（チベットでは今でも餃子のことを「モモ」と言います）。「包子」という言葉が使われはじめたのは11世紀になってからのことです。

昔から、包子はあっさりしたスープや豆乳、だし汁といっしょに食べます。

米

中国では、ごはんは主食ですが、そのほかにもさまざまな米料理があります。
たとえば、チャーハン、ライスヌードル、米菓子、お粥、
幅広で平たいライスヌードル、ポン菓子、お焦げなど……。

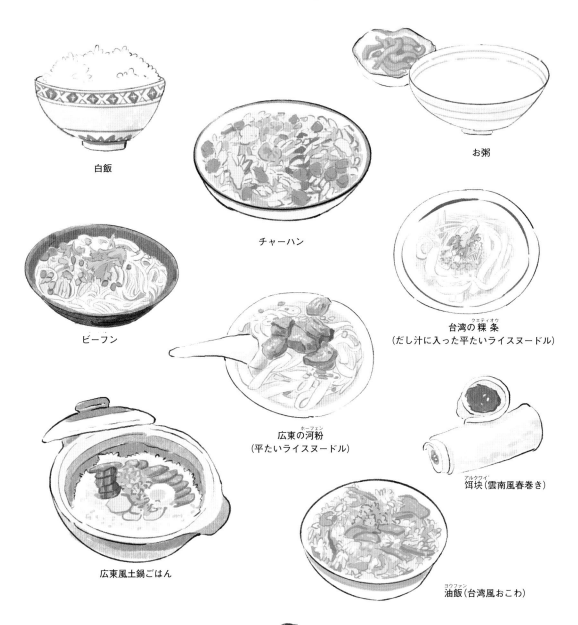

白飯

お粥

チャーハン

ビーフン

台湾の粿 条
（だし汁に入った平たいライスヌードル）

広東の河粉
（平たいライスヌードル）

饵块（雲南風春巻き）

広東風土鍋ごはん

油飯（台湾風おこわ）

米の炊き方

下準備：5分
加熱：20分
浸し時間：10分

淘米

材料（4人分）

短粒米 … 250g
水 … 375ml

1. 水が透き通るまで米を数回洗う。毎回、水気をよく切る。米を鍋または炊飯器に入れ、水を注ぎ入れる。10分間、そのまま置く。点火し、沸騰させ、約3分そのまま沸騰させておく（小さな穴ができるまで）。
2. 蓋をしてとろ火にし、10~15分、加熱する。火を消し、約5分蒸らす。

> 中国では、加える水の量を量るのに人差し指を使います。米の量にかかわらず、水はだいたい人差し指の第一関節の高さの量でじゅうぶんです。

白米粥

中国人は朝食にこのお粥をよく食べます。

榨菜

ザーサイ

茶叶蛋

お茶の煮卵

材料（2~3人分）

短粒米または寿司用の米 … 60g
水 … 1l

1. 水が透き通るまで米を数回洗い、水気を切る。
2. 鍋に米を入れ、水を注ぎ、30分浸しておく。
3. 沸騰するまで強火で加熱し、沸騰したら火力を弱め、とろ火で米粒がとろとろになるまで加熱する。ときどきかき混ぜるのを忘れないように。
4. ザーサイや菜脯（干しダイコンの漬物）など塩漬けした野菜、お茶の煮卵（p.76）、アヒルの塩漬け卵を添えて食べる。

咸蛋

アヒルの塩漬け卵

チャーハン

下準備：10分

加熱：5分

材料(4皿分)

炊いたごはん … 350g
殻をむいた生の小エビ … 12尾
ハム … 30~40g
ニンジン … 100g
グリーンピース … 60g
卵 … 2個
ネギ … 3本
紹興酒 … 大さじ1
植物油 … 大さじ3
ゴマ油 … 小さじ1
塩、白コショウ

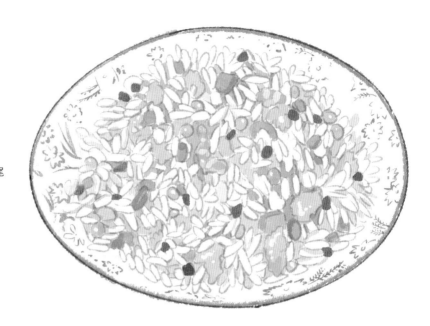

1. 卵を溶き、ネギを小口切りにする。ニンジンはさいの目に、ハムは細かく切る。ごはんはなるべくパラパラにしておく。これはチャーハンを成功させるためには非常に重要。
2. 中華鍋に植物油大さじ1を入れ、強火で熱し、グリーンピースとさいの目に切ったニンジンを1分間炒め、鍋の端に寄せる。
3. 中華鍋に植物油大さじ1を足し、強火で小エビを1分間炒め、紹興酒を加えてすばやくかき回す。ハムを加え てさらに1分間炒める。すべてを取り出し、皿に取っておく。
4. 中華鍋にごはんを入れ、強火にして植物油大さじ1と溶きほぐした卵を加え、しっかりと混ざるようにすばやくかき混ぜる。野菜、小エビ、ハムを中華鍋に戻し入れ、よく混ぜて、ネギ、塩、コショウを加える。さらに1分間炒め、ゴマ油をさっとかけ、もう一度かき混ぜてから皿に盛る。

卵

ニンジン

小エビ

ごはん

グリーンピース

ハム

小口切りにしたネギ

牛肉入り焼き河粉(ホーフェン)

下準備：20分
加熱：10分
寝かせ：15分

牛肉

生河粉

材料(2人分)

生河粉 … 200g	薄口醤油 … 大さじ1+2
牛肉 … 50g	濃口醤油 … 小さじ1+1
モヤシ … ひとつかみ	水 … 大さじ2
ニラ … 50g	植物油 … 大さじ3
ネギ … 1本	ゴマ油 … 小さじ1
タマネギ … ½個	塩 … 小さじ½
片栗粉 … 小さじ1	

薄口醤油

1. 牛肉を厚さ2mmの薄切りにし、薄口醤油大さじ1、濃口醤油小さじ1、片栗粉と混ぜ、15分間冷蔵庫で寝かせる。
2. ニラとネギを4cmの長さに切る。タマネギを薄切りにする。残りの醤油と大さじ2の水を混ぜる。
3. 中華鍋に植物油大さじ1½を入れて強火で熱し、牛肉を入れ、20秒間混ぜないで加熱する。次に肉の色が変わるまで軽くかき混ぜながら加熱し、肉を取り出す。
4. 残りの植物油を中華鍋に入れて強火で熱し、タマネギとネギを加え、20~30秒炒める。麺を加え、1~2分間加熱してから2で薄めておいた醤油を入れて、かき混ぜる。モヤシ、ネギ、ニラを加えた後30秒炒め、牛肉を戻し入れて混ぜる。火を止めて食べる直前にゴマ油を加える。

定番料理

祭りの日の料理や家庭で簡単につくれるおなじみの料理など、
定番料理は中国人の日々の生活の中で欠かせないものです。
食事は、家族や友人と集まる機会でもあるのです。

北京ダック

中国料理と言われて、北京ダックのことを思い浮かべない人がいるでしょうか？
北京ダックは間違いなく中国料理のもっとも象徴的な料理のひとつです。
手のこんだ下準備、ベテランの調理人による手慣れたサービス、
お決まりの食べ方など、高級レストランでしか食べることのできない
もっとも格調高い料理なのです。

歴史

北京ダックは、もともと明王朝の宮廷料理で、南京のアヒル料理の調理方法が変化した料理です。明王朝が都を南京から北京に移したとき、この料理もいっしょに北京に持ち込まれました。のちに山東料理 (p.36) の影響を受けて、ネギや薄い皮がとり入れられ、今の北京ダックの形ができあがりました。

北京ダックをつくるには長い下準備が必要で、それはアヒルが誕生したときからはじまり、調理には数日かかります。そのため、お金がかかり、家庭でつくるのはほとんど不可能です。

伝統的に北京産の白いアヒルが用いられます。アヒルのひなに、太らせるために高カロリーの餌を60~70日間強制的に食べさせ、およそ3kgになったら蓄殺します。調理するアヒルは24~48時間前に蓄殺されたものでなければなりません。尻肉に切り込みを入れ、皮下に空気を入れて膨らませます。そうすると肉が皮から剥がれます。内臓を取り出し、熱湯をかけ、ハチミツと水を混ぜたものを塗ってから風通しのよいところに吊るして乾燥させます。そうすることで、皮が美しい黄金色になり、焼けば一層、その色が引き立ちます。

焼く際には、果物（リンゴやナツメなど）の薪(まき)で熾(おこ)した火でアヒルをローストします。最終的に、皮はパリパリでつやつやになり、焼いているあいだ腹の部分に熱風が入り込むため、肉はふんわりとやわらかくなります。

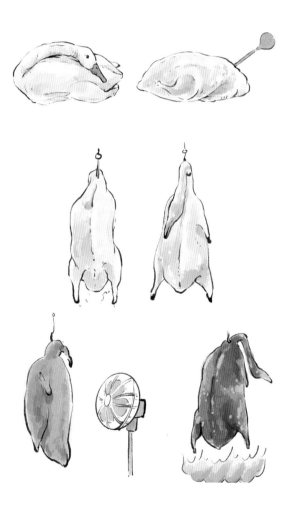

サービス方法

アヒルが焼きあがると、北京ダック専門のベテラン調理師が客の前で肉を削ぎ切りにします。昔から、北京ダックは108片ちょうどに切らなければならないと言われています。108は幸運を呼ぶ数字だからです。しかし実際は、肉の食感をよく味わうには100片前後のカットでじゅうぶんです。胸肉の皮は別にされ、カリカリとした皮の部分は菓子のように味わいます。

北京ダックの食べ方は？

北京ダックは、肉片と千切りにしたネギとキュウリに甜麺醤(発酵させた甘い大豆のペースト)ベースのタレをつけ、小麦粉でできた薄い皮で巻いて食べます。

巻き方

薄皮を1枚取り、千切りにしたネギを箸でタレにつけて皮の上に置き、ネギの隣に棒状にカットしたキュウリと肉を2~3片置きます。最後に、薄皮を丸めて、下の部分を両手で持って食べます。

食べ終わると、アヒルの鶏ガラでじっくりだしを取ったスープが出されます。

豚肉

豚肉は中国人がもっともよく食べる肉です。
「豚は全部おいしく食べられる」というフランス語の表現がありますが、
中国でもまさにその通りです！

紅焼肉（豚の角煮）
ホンシャオロウ

豚バラ肉を醤油でじっくりと赤茶色になるまで煮込んだ料
理で、湖南省の代表的な料理です(p.35)。毛沢東(中華人民
共和国の初代国家主席)が好んだ料理です。

下準備：15分

加熱：2時間

材料(4人分)

豚のバラ肉または肩ロース … 600g	薄口醤油 … 大さじ2
ネギまたは新タマネギ … 2本	濃口醤油 … 大さじ1
生のショウガ … 10g	米酢 … 大さじ1（お好みで）
紹興酒 … 200ml	氷砂糖 … 25g

豚バラ肉を縦にカットしてから、ぶつ切りにする。鍋に
水を300ml入れて沸騰したら肉を入れ、表面に浮いた灰
汁をすくいながら2分間、下茹でする。肉を取り出して、
水気を切る。ネギを洗い、それぞれふたつに切る。ショ
ウガの皮をむき、薄切りにする。鍋で約2分間、油を入
れないで肉に焼き色をつける。2種類の醤油を加えて
混ぜる。紹興酒を注ぎ入れてから肉がかぶるくらい
の量の熱湯を注ぐ。ショウガ、ネギ、氷砂糖を加
える。全体を混ぜ合わせ、蓋をして弱火で1時間
30分から2時間、肉がじゅうぶんやわらかくな
るまでじっくり煮込む。ときどきそっとかき回
しながら、さらに煮汁を強火で煮詰める。鍋底
に煮汁がほとんどなくなったら、米酢で(煮汁を)
のばし、すぐに火を止める。

シーズートウ
獅子頭（肉団子）

皿のなかにライオンが入っているわけではありません。中国人によれば、宮廷の番をするライオンの頭を思わせるという理由からこの大きな豚肉団子の名前がつきました。江蘇省や浙江省の名物料理です(p.37)。

下準備：20分
加熱：1時間45分

材料(4人分)

豚肩ロースのひき肉 … 500g
豚バラ肉のひき肉 … 100g
チンゲンサイ … 100g
皮をむいたヒシの実(またはレンコン) … 50g
溶き卵 … 1個
ショウガ … 15g
紹興酒 … 大さじ3
薄口醤油 … 大さじ2
揚げ油
塩、コショウ

煮汁

ネギ … 2本
ショウガ … 10g
砂糖 … 小さじ2
片栗粉 … 小さじ2
熱湯 … 500ml
濃口醤油 … 大さじ1
薄口醤油 … 大さじ1
紹興酒 … 大さじ1

1. 肉団子を揚げる。ショウガを刻み、卵を溶き、ヒシの実を粗く刻む。大きなボウルに豚肉、紹興酒、醤油、ショウガ、卵を入れて混ぜ合わせる。塩、コショウ、ヒシの実を加え、全体を混ぜ、大きな団子をつくる(1個当たり約50g)。中華鍋に揚げ油を入れて160℃に熱する。団子をひとつずつ入れて、そのまま動かさずに火を通す。軽く色づいたら取り出し、油を切っておく。

2. チンゲンサイを洗い、ざく切りにする。中華鍋に植物油大さじ1を入れ、チンゲンサイを強火で炒めてから取り出しておく。

3. ネギを刻み、ショウガを薄切りにする。鍋に植物油大さじ1を入れ、ショウガとネギを中火で1分炒める。醤油、紹興酒、砂糖を加えてさらに1分間、かき混ぜながら加熱する。鍋に熱湯500mlを注ぎ、肉団子を入れ、沸騰させる。火を弱め、蓋をして1時間煮込む。ときどき肉団子を動かす。チンゲンサイを加えさらに5分間加熱してから火を消す。

4. 皿にチンゲンサイを敷き、その上に肉団子を置く(煮汁は入れない)。

5. ボウルに片栗粉を入れ、大さじ3の水で溶く。煮汁を沸騰させ、水溶き片栗粉を注ぎ入れ、すばやくかき混ぜる。煮汁がとろりとしてきたら肉団子の上に注ぎ、食卓に出す。

鶏肉

中国では、ニワトリの性別、月齢、品種によって料理の仕方が異なります。
たとえば、卵を産まなくなった雌鶏はだし汁をつくるのに最適です。
若い雄鶏は、北部地方ではよくキノコといっしょに煮込みます。

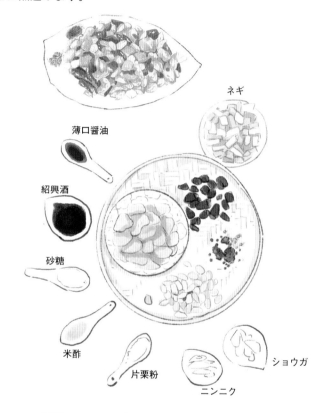

ゴンバオジーディン
宮保鶏丁（宮廷の鶏肉料理）

下準備：15分
漬け時間：30分
加熱：10分

材料（4人分）

若鶏の胸肉またはモモ肉 …
250g
ネギまたは新タマネギ … 1本
ニンニク … 1片
皮をむいたピーナッツ … 30g
乾燥赤トウガラシ … 6~7本
ショウガの薄切り … 2片
ひまわり油 … 大さじ2
花椒 … 小さじ1

下味

片栗粉 … 小さじ1
薄口醤油 … 大さじ1
紹興酒 … 大さじ1

タレ

片栗粉 … 小さじ1
砂糖 … 小さじ1
水 … 大さじ5
薄口醤油 … 大さじ1
米酢 … 小さじ2

薄口醤油

ネギ

紹興酒

砂糖

米酢

片栗粉

ニンニク

ショウガ

1. 鶏肉を縦に薄切りにしてから、さいの目に切る。
2. 鶏肉に下味をつける。サラダボウルに紹興酒、醤油を入れて混ぜる。さいの目に切った鶏肉を入れ、片栗粉を加えてさらに混ぜる。鶏肉に下味がじゅうぶんに染み込むようによく揉む。これを30分間、冷蔵庫に入れておく。そのあいだにフライパンにひまわり油大さじ1を入れ、ピーナッツを弱火で炒る。これをキッチンペーパーの上に置いておく。ネギを洗い、小口切りにする。乾燥赤トウガラシを小口切りにする。ニンニクの皮をむき、細かく刻む。ショウガも細かく刻み、ボウルにタレの材料をすべて入れて混ぜる。
3. 中華鍋に残りの油を入れて熱し、乾燥赤トウガラシと

花椒を中火で1分間炒めて皿に取っておく。下味につけておいた鶏肉を中華鍋に入れ、2~3分、火を通して焼き色をつける。次に、ショウガ、ニンニク、ネギを加える。タレをしっかりかき混ぜてから中華鍋に注ぎ入れ、すばやく混ぜ合わせる。30秒ほどでタレにとろみがついてきたら、乾燥赤トウガラシ、花椒、ピーナッツを加える。全体を混ぜて、すぐに皿に盛りつけ、食卓に出す。

サンベイジー
三杯鶏（3つの調味料でつくる鶏肉料理）

もとは、それぞれカップ1杯の米酒、醤油、ゴマ油で調理した江西省の鶏肉料理でした。現在普及している三杯鶏は新しい材料としてバジルの葉が加わった台湾流の料理です。

下準備：10分
加熱：1時間30分

材料（4人分）

ぶつ切りにした鶏肉 … 800g
ニンニク … 4片
ネギ … 2本
生ショウガ … 20g
氷砂糖 … 20g
紹興酒 … 200ml
熱湯 … 50ml
薄口醤油 … 50ml
濃口醤油 … 50ml
ゴマ油 … 30ml
塩

1. 大きな鍋で、ぶつ切りにした鶏肉を、皮を下にしてさっと表面を焼く（肉が痩せている場合はオイルを少量入れる）。
2. そのあいだにショウガの皮をむき、ぶつ切りにする。ネギも同様にぶつ切りにする。ニンニクの皮をむく。鶏肉のすべての面に焼き色がついたら、ショウガ、ニンニク、ネギを加え、1分間かき混ぜながら加熱を続ける。
3. 紹興酒、2種類の醤油、熱湯50ml、氷砂糖を加え、よく混ぜる。弱火にし、蓋をして1時間から1時間30分蒸し煮する。
4. 最後に火を強めて、ときどきかき混ぜながら煮汁を煮詰める。ゴマ油を加え、もう一度混ぜ合わせる。これでできあがり！

台湾流では、最初に少量の赤トウガラシを炒めてから肉を入れ、最後にバジルの葉を数枚加えます。

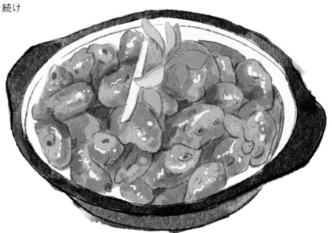

魚介類

中国語の「魚」という言葉は「余分に、豊富」という言葉と同じ発音です。
そのため中国では魚は「豊かさ」のシンボルなのです。
魚はよく丸ごと食卓に出されますが、それは一年の最初の日から最後の日まで
ずっと豊かでありますように、という意味が込められています!

スズキの蒸し煮

下準備：15分

加熱：15分

材料（4人分）

スズキ … 1kg分（1~2匹）
ネギまたは新タマネギ … 2本
生ショウガ … 30g
薄口醤油 … 大さじ3
紹興酒 … 小さじ5　　　　塩、コショウ
植物油 … 大さじ4

1. スズキの内臓を除き、うろこを落としたら軽く洗う。まな板の上にスズキをのせ、垂直の切れ目を両面に5ヵ所ずつ平行に入れる。紹興酒を振りかけ、身をこすってよくしみ込ませる。塩、コショウを振る。
2. ショウガの半分を薄切りにし、魚の腹の中に入れる。スズキを大きな蒸し器に入れ、沸騰してから10~15分蒸す。そのあいだに残りのショウガとネギを千切りにする。蒸し上がったスズキを取り出し、そっと皿にのせる。千切りにしたショウガを散らし、醤油で味付けし、千切りにしたネギを振りかける。同時に、鍋に油を強火で熱する。煙が立ったら、スズキ全体に注ぐ。

エビの蒸し煮

下準備：15分

浸し時間：30分

加熱：5分

材料（4人分）

殻つきのエビ … 8尾　　　薄口醤油 … 大さじ4
春雨 … 50g　　　　　　紹興酒 … 大さじ2
ニンニク … 3~4片　　　植物油 … 大さじ5

1. 春雨を湯（約60℃）の入ったボウルの中に30分間、浸しておく。エビの脚と触角を取り除く。各エビの背中に切り込みを入れて黒い背ワタを取り出す。小エビを皿にのせ、紹興酒を振りかけ、軽く塩を振る。
2. ニンニクを潰してペースト状にする。鍋に油を入れ、潰したニンニクを中火で5分炒める。ニンニクペーストと油を小さなボウルに移し、醤油を加えて混ぜる。春雨を水切りし、蒸し器に入れる皿に広げる。ニンニクのタレを少し振りかけ、その上にエビをのせ、ニンニクのタレを塗る。皿を蒸し器に入れ、沸騰してから5分間強火で蒸す。すぐに食卓に出す。

上海ガニ

「上海ガニ」は、ハサミと脚の部分がやわらかくて短い毛で覆われているため「毛ガニ」と呼ばれることもあります。毎年、上海ガニがもっともおいしい時期は秋から冬の初めにかけてです。蒸したり茹でたりするだけで繊細な味が楽しめる、調理が簡単な食材です。お酢とショウガがベースの

タレまたは微温の紹興酒、あるいはショウガと黒糖がベースの煎じ茶（姜母茶）(p.123) といっしょに食べます。上海ガニは陰（冷たい）の食べ物として知られているため、ショウガやお酒などの陽（温かい）の食べ物といっしょに食べる必要があるのです。

材料（4人分）	タレ
上海ガニ … 4杯	細かく刻んだショウガ … 30g
水 … 2.5l	黒酢 … 大さじ 8
紹興酒 … 大さじ 3	薄口醤油 … 大さじ 4
シソの葉 … 数枚	

1. 上海ガニをよく洗い、ブラシでこする。万能鍋に水を入れて沸騰させ、カニ、紹興酒、シソの葉を入れ、ふたたび沸騰するまで加熱する。蓋をして、10~12分茹でつづける。
2. ボウルにタレの材料をすべて入れて混ぜ、少し湯煎にかける。

中国には、昔から上海ガニを食べるときに指を汚さないで上手に食べるための道具セットがあります。「蟹八件」という蟹を食べるときの8つの道具です。

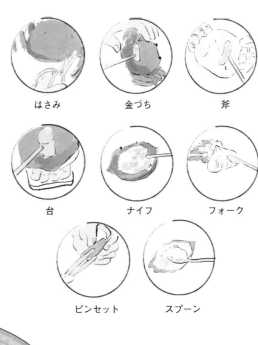

はさみ　　　金づち　　　斧

台　　　ナイフ　　　フォーク

ピンセット　　　スプーン

卵と豆腐

卵入りトマト炒め

下準備：5分
加熱：10分

材料(4人分)

中くらいのトマト … 5個
卵 … 4個
ネギまたは新タマネギ … 1本
グラニュー糖 … 大さじ1
薄口醤油 … 大さじ1
紹興酒 … 小さじ2
植物油 … 大さじ3
塩、白コショウ

番茄炒蛋

1. ボウルに卵を割り入れ、紹興酒を加えて溶く。ネギを洗い、小口切りにする。トマトを洗い、細いくし形に切る。中華鍋に油を入れて強火で熱する。溶きほぐした卵を入れ、箸かフォークでかき混ぜる。卵に火が通ったらすぐに皿に移す。

2. トマトを中華鍋に入れ、醤油を加えてトマトが軟らかくジューシーになるまで炒める。卵を戻し入れ、ネギとグラニュー糖、塩、コショウを加える。卵にトマトの汁がじゅうぶんにしみ込むまで1~2分弱火で加熱を続ける。すぐに皿に移して食卓に出す。

茶叶蛋

お茶の煮卵

下準備：5分
加熱：20分
漬けおき：48時間

材料(4人分)

卵 … 5個
八角 … 1個
紅茶の葉 … 小さじ2~3
塩 … 小さじ2
花椒 … 小さじ1

鍋に1lの湯を沸かす。卵を入れ、5分間茹でる。茹でた卵を冷水にとる。卵がさめたらスプーンを使って、または卵をまな板の上で静かに転がして殻に小さなひびを入れる。鍋に熱湯を500ml入れ、紅茶の葉、花椒、八角、塩を加える。ひびを入れた卵を入れて、中火で15分間茹でる。火を消し、この煮汁に卵を48時間漬けておく。水気を切り、ていねいに卵の殻をむき、食卓に出す。

麻婆豆腐

下準備：20分
加熱：20分

材料(4人分)

木綿豆腐 … 800g
ネギまたは新タマネギ … 2本
ニンニク … 2片
生のショウガ … 10g
粉末赤トウガラシ … 小さじ2
粉末花椒 … 小さじ2
豆板醤 … 大さじ2
豆鼓 … 大さじ2
片栗粉 … 小さじ2
グラニュー糖 … 小さじ2
ぬるま湯または鶏ガラスープ … 550ml
薄口醤油 … 小さじ2
植物油 … 大さじ3

豆腐の水気を切り、2cm角に切る。鍋に水と塩を入れて沸騰させ、その中に角切りにした豆腐を入れて1分間茹でてから冷水にとり、水気を切る。ショウガとニンニクの皮をむき、細かく刻む。ネギを洗い、細かく刻む。中華鍋に油を入れて中火で熱する。豆板醤と豆鼓を加えて混ぜる。刻んだショウガ、ネギ、ニンニクを加え、1~2分加熱を続ける。ぬるま湯（または鶏ガラスープ）を入れて沸騰させる。

沸騰したらすぐに火を弱めて角切りにした豆腐を入れる。蓋をして3分間、弱火で加熱する。ボウルに片栗粉を入れ、100mlの水で溶く。中華鍋の火をもっとも強くして水溶き片栗粉を入れ、そっとかき混ぜる。とろみが出てきたら、砂糖、花椒、赤トウガラシ、醤油を加える。全体をよく混ぜて火を止める。

豆腐加工品

豆乳

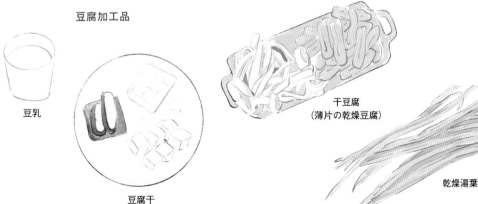

豆腐干
（香辛料で味付けした乾燥豆腐）

干豆腐
（薄片の乾燥豆腐）

乾燥湯葉

野菜

ハクサイ

ハクサイ類は中国でもっともよく使われる野菜で、たくさんの種類があります。たとえば、大きくて白いハクサイ（大白菜）、チンゲンサイ（上海青）、クリーム色の小さいハクサイ（奶油白菜）、油菜、キャベツ（巻心菜）などです。

ハクサイ

チンゲンサイ

キャベツ

クリーム色の
小さいハクサイ

キャベツのピリ辛炒め

材料（4人分）

キャベツ … 350g
ニンニク … 1片
ショウガ … 3片
乾燥赤トウガラシ … 4本
花椒 … 小さじ1
片栗粉 … 小さじ½
砂糖 … ひとつまみ
薄口醤油 … 大さじ2
黒酢 … 大さじ1
水 … 少々
植物油 … 大さじ2
ゴマ油 … 小さじ1

1. キャベツを手でちぎる。ニンニクとショウガを細かく刻む。
2. 中華鍋に植物油を入れて強火で熱し、花椒、トウガラシ、ニンニク、ショウガを加え、20~30秒炒める。キャベツを加え、よく混ぜる。
3. 小さなボウルに醤油と黒酢を入れて混ぜる。水を少々加え、全体を75mlにする。この調味液を中華鍋の縁全体に回し入れ、よくかき混ぜる。
4. 片栗粉を小さじ1の水と混ぜ合わせる。キャベツが軟らかくなりはじめたら、水溶き片栗粉を注ぎ入れ、とろみがつくまでかき混ぜる。ゴマ油を加えてから、皿に移して食卓に出す。

ナス

中国にはさまざまな種類のナスがあります。細長いナス、大きい丸形のナス、小さい丸形のナス、少しだけ長いナスなど……もっともよく使われるのは長ナス(长茄)です。

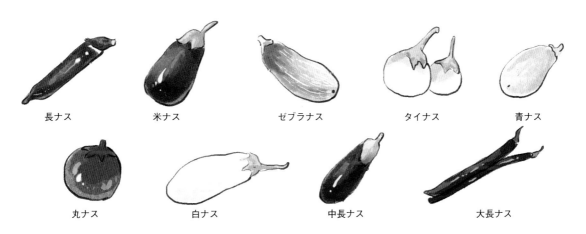

長ナス　　米ナス　　ゼブラナス　　タイナス　　青ナス

丸ナス　　白ナス　　中長ナス　　大長ナス

魚香茄子(四川風ナス炒め)

魚香は酸味と甘みと香辛料の香りが同時に味わえるタレです。本来、このタレは四川省で魚を調理するために考えられたものです。

材料(4人分)

ナス … 400~500g
ニンニク … 3~4片
ショウガ … 3~4片
ネギ … 1本
植物油 … 大さじ3~4

タレ

豆板醤 … 大さじ1
砂糖 … 大さじ½
片栗粉 … 小さじ1
水 … 大さじ5~6
黒酢 … 大さじ1
薄口醤油 … 大さじ1

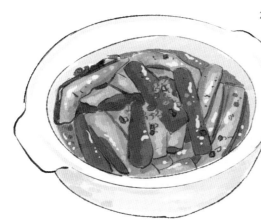

1. ナスを皮つきのまま数片に切る。塩を振り、30分寝かしたら、しっかり絞って水分を切る。ニンニク、ネギ、ショウガを細かく刻む。

2. 中華鍋に植物油を入れて強火で熱し、ナスを入れ、3分ほど炒める。ニンニク、ネギ、ショウガを加える。火を弱めて、ナスが煮崩れるほど軟らかくなるまでさらに2~3分炒める。ボウルに用意したタレの材料をすべて入れて混ぜる。ナスを鍋から出して皿に取っておく。強火にしてタレを入れ、タレにとろみがつくまでかき混ぜる。ナスを戻し入れ、すばやくかき混ぜ、皿に移して出す。

葉もの野菜

中国人は、新鮮で、調理が簡単なうえに健康によい新鮮な葉もの野菜が大好きです。

炒空心菜
（空心菜のニンニク炒め）

空心菜は中国人がもっとも好む野菜のひとつです。調理は
とてもシンプルです。茹でてタレをかけたり、潰したニン
ニクや赤トウガラシ、発酵豆腐（腐乳）ベースのタレと絡め
て中華鍋でさっと炒めたりして食べます。

下準備：5分
加熱：5分

材料（4人分）

空心菜 … 400g
ニンニク … 2片
植物油 … 大さじ2
塩

空心菜を洗い、4~5cmの長さ
にざく切りにする。ニンニクの
皮をむき、細かく刻む。中華鍋
に油を入れ、中火で熱する。刻
んだニンニクを加え、次に空心
菜を加えてすばやく炒め、塩を
振る。空心菜がしんなりしたら、
火を止め、皿に移して出す。

春雨とホウレンソウのサラダ

下準備：5分
加熱：6分

材料(2人分)

ホウレンソウ … 200g
春雨 … 50g
軽く煮立ったお湯 … 1ℓ

ドレッシング

皮つきショウガ … 10g
薄口醤油 … 大さじ2
米酢 … 大さじ1
ゴマ油 … 大さじ1

1. ホウレンソウを洗う。ショウガをすりおろす。
2. 春雨を軽く煮立った湯で5分間、茹でる。春雨を出し、
   湯は軽く煮立った状態にしておく。茹でた春雨を冷水
   につけ、その後、水切りをする。
3. ホウレンソウを軽く煮立った湯におよそ20秒間くぐら
   せる。鍋から出し、水切りをする。春雨とホウレンソ
   ウを混ぜ合わせる。
4. ドレッシング用の材料をすべて小さなボウルに入れて
   混ぜ、春雨とホウレンソウにかける。よく混ぜ、出す
   前に30分間寝かせる。

春雨

ホウレンソウ

ゴマ油

ショウガのすりおろし

薄口醤油

米酢

スープ

たいてい食事の最後は、調理が簡単なあっさりしたスープを飲むことが多いです。スープの材料は季節によって変わります。冬にはハクサイ、春はホウレンソウや柔らかな葉もの野菜、夏はトマトやキュウリなど……。

トマトスープ

下準備：5分
加熱：10分

材料(4人分)

中くらいのトマトまたは
その他の野菜 … 2個
卵 … 2個
ネギ … 1本
ゴマ油 … 2~3滴
塩、粉コショウ
水 … 900ml

トマトを洗い、くし形に切る。ネギを洗い、薄い小口切りにする。ボウルに卵を溶いておく。片手鍋に水を入れ、沸騰させる。トマトを加え、火を弱めて2分間、軽く煮立たせておく。塩、コショウを振る。火を止めて、溶いた卵を、箸を使って細い糸のように流し入れる。ネギとゴマ油を加え、すぐ食卓に出す。

酸辣湯
サンラータン
（酸っぱく辛いスープ）

下準備：25分
加熱：20分
寝かせ：一晩

材料（4人分）

水煮タケノコ … 150g
ニンジン … 100g
干しシイタケ … 25g
乾燥キクラゲ … 7g
ネギ … 1本
溶き卵 … 1個分
パクチーの茎 … 1本
パクチーの葉 … 数枚
白コショウ … 小さじ山盛り1~2
豆板醤 … 小さじ1
片栗粉 … 小さじ2
スープ用の水 … 800ml
片栗粉を溶く水 … 200ml
黒酢 … 大さじ3
薄口醤油 … 大さじ2
植物油 … 大さじ1

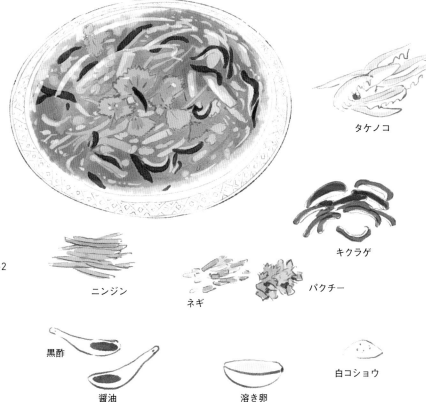

タケノコ

キクラゲ

ニンジン

ネギ

パクチー

黒酢

醤油

溶き卵

白コショウ

1. 乾燥キクラゲと干しシイタケを冷水に一晩、または熱湯に2~3時間つけておく。
2. 水煮タケノコを数回、水ですすぎ、沸騰した湯でさっと茹でる。水気を切っておく。
3. 片栗粉を200mlの水で溶く。ニンジンを千切りにする。卵を溶きほぐす。
4. シイタケとキクラゲは薄切り、タケノコは細切りにする。ネギとパクチーの茎を細かく刻む。
5. 中華鍋または鍋を中火で熱し、植物油を入れて刻んだネギ、シイタケ、キクラゲ、タケノコを加える。すべてを薄口醤油といっしょに3~4分炒める。

6. 千切りにしたニンジンを加え、さらに2分炒める。火をもっとも強くして水800mlを注ぎ入れ、豆板醤とコショウを加え、沸騰するまでよく混ぜ合わせる。水溶き片栗粉を加える。とろみがつくまでかき回す。
7. 火を弱め、溶き卵を、輪を描くように少しずつ注ぎ入れる。すぐに混ぜ合わせないように。刻んだパクチーと黒酢を加えてそっとかき回す。
8. 火からスープの入った鍋を下ろし、食卓に出す前にパクチーの葉を散らす。

鍋料理

中国の鍋料理はみんなで和気あいあいと楽しむ料理です。
中国には地域ごとにさまざまなタイプの鍋料理があります。
たとえば、北京やモンゴルの羊肉鍋、スパイシーな四川鍋、広東鍋、雲南のキノコ鍋など。

鍋料理は、ぐつぐつと煮立っただし汁の入った鍋に、その場で好み
の具材を入れて加熱して食べます。あなたの好みとそのときどきの
気分で、だし汁のタイプや入れる具材を選びます。

鍋料理用の道具
コンロまたは鍋料理専用の調理
器具、具材を加熱するための鍋、
タレを入れる小鉢、だし汁を入
れるボウル、箸、食材を取り出
す網杓子。

だし汁
だし汁は数種類あります。もっ
ともベーシックなのは鶏のだし
汁です。もっとスパイシーな風
味が好みなら、花椒のだし汁に
してもいいでしょう。モンゴル
鍋のだし汁は、沸騰した湯にネ
ギとショウガを少し入れるだけ
のシンプルなものです。

キノコ鍋

下準備：30分

加熱：15〜30分

材料(4人分)

ダイコン … 200g
白キクラゲ … 200g
シメジ … 150g
チンゲンサイ … 150g
エノキダケ … 100g
タケノコ … 50g
春雨 … 50g
干しシイタケ … 12g
乾燥キクラゲ … 8g
中華麺 … 60g
ネギ … 3本
八角 … 1個
ショウガ … 8g
鶏のだし汁 … 1l
水 … 0.5〜1l
植物油 … 大さじ1
塩

タレ

麻辣醤(または芝麻醤)
　… 大さじ1½
ぬるま湯 … 50ml
薄口醤油 … 大さじ2
黒酢 … 大さじ1
ラー油またはゴマ油 … 小さじ1
砂糖 … ひとつまみ
塩

1. 干しシイタケと乾燥キクラゲをそれぞれ30分以上、水に浸しておく。春雨をぬるま湯に30分浸しておく。

2. チンゲンサイを洗い、水気を切る。ダイコンの皮をむき、ごく薄切りにする。ショウガを薄切り、ネギを細切りにする。白キクラゲを薄切りにする。シメジとエノキダケを手で裂く。

3. 材料をいくつかの皿に盛り合わせる。

4. 春雨の水気を切って、大きなボウルまたは皿に入れる。

5. 鍋に油を熱し、ショウガ、ネギ、八角を加え、1分間、中火で炒める。シイタケ、タケノコを加えてさらに1分、加熱する。だし汁と水を加えて沸騰させる。次に火をもっとも弱くする。軽く塩を振り入れる。15-30分、とろ火でゆっくり火を通す。

6. そのあいだに、タレの材料をすべてボウルに入れ、よく混ぜる。

7. 鍋をテーブルの上のポータブルコンロにのせ、沸騰させる。

8. さあ、食べたいものを鍋に入れましょう！

9. 中華麺は他の食材より火が通るのに時間がかかるので、最初に入れてもよい。

10. 30秒ほどでキノコや野菜は火が通る。

11. 煮えた食材をタレにつけていただく。最後にスープを飲んでもよし。すべての食材の風味がしみ出て最高においしい！

大切なテーマ

中国では、料理は栄養をとる以上に、それぞれの生活で重要な役割を果たしています。

この章では、以下のことについて見ていきます。
- 中国人の根底にある健康と食事の関係
- 楽しく独創的なベジタリアン料理
- 日常的な食事と祝いの席での象徴的な食べ物
- 中国人の生活を活気づけるストリートフード

健康と食事

中国には「食薬同源」(ヤオシートンユエン)(药食同源)という諺(ことわざ)があります。
食事には漢方薬と同じ効果があるという意味の諺です。病気になったとき、
第一にすべきことは食事の内容を変えることです。
そして健康なときには、その状態を維持するために健康によい食事にこだわって、
バランスに気を配ることが重要です。

養生

養生とは、文字通り「生命を養う」という意味です。つまり、健康で長生きできるよう、そのときどきにふさわしい食生活を続けるコツです。

「養生」という考え方では、体内のバランスと安定を追求します。そのためには食事が非常に重要です。なぜなら、身体のエネルギー（気）が停滞する大きな原因のひとつが食事だからです。そうならないためには、自分の身体の状態や環境をしっかり観察して、節度をもって適切に食べる必要があります。基本的なルールは次の通りです。

・生の食材や冷たい食べ物を避ける
・水分の多い乳製品や精製糖を避ける
・事前消化を促すために時間をかけてよく噛んで食べる
・野菜と穀物をより多くとり、肉や魚は少なめに
・満腹になる限界を超えない

太陽のリズムと結びつけた伝統的な暦の24の季節区分である节气(ジェチー)(p.42~45)のリズムに合わせて、活力を高めるために運動をすることも大切です。

秋に咳が出るときには、呼吸器系の調子を整えるためにナシをじっくり煮込んだスープをつくります。

中国人は夏の猛暑時、緑豆のスープをよく飲みます。緑豆は体温を下げるうえに、デトックス効果があります。

中国医学

中国医学は、中国料理と同じく調和を追求します。
料理では風味、食感、色などの調和を追求しますが、
医学では体内エネルギーの調和と、身体と体外環境の調和を保つことを日指します。

5つの風味（五味） ウーウェイ —— 酸味、甘味、苦味、辛味、塩味

食材の風味は、季節と5つの要素（木、火、土、金、水）の
関係で5つに分類されます。

中国医学では、風味はエネルギーの環の影響下にあり、食材の味とは何の関係もないと考えられています。複数の風味がある食材もあります。食材の風味は、それぞれが作用するひとつの要素、ひとつの季節、ひとつの内臓器官と関わっています。

それぞれの風味は、ちょうどよい量をとれば関わりのある臓器を活気づける特性があります。でも、多すぎると臓器に悪影響を与えます。たとえば、酸味は肝臓の調子を整えますが、筋肉や腱を傷めたり、けいれんや腱炎を起こしたりする可能性があります。

酸味	甘味	苦味	辛味	塩味
レモン	ハクサイ	ハゲイトウの葉	ショウガ	海藻
ウメの実	ホウレンソウ	ニガウリ	パクチー	豚肉
ザクロ	バナナ	ハスの実	ネギ	魚

食品の４つの性質（四気）── 寒、涼、温、熱

食品の４つの性質は体温に実質的な影響を及ぼします。わたしたちが必要に応じて体温調節ができるのは、食事、とりわけ食材の性質のおかげなのです。

たとえば、鴨肉は身体を冷やす性質があるので夏に食べるほうがよく、仔羊は身体を温める性質があるため冬に食べるのがふさわしいです。ジャガイモは身体を温める性質があるうえに甘い風味があるので、冬に最適の食材です。

中国医学では、消化は「火にかけた鍋」になぞらえられます。きちんと消化されるには熱が必要だからです。生の食材や冷たいものを食べすぎると、消化のプロセスが遅れる可能性があり、そうすると、新陳代謝が遅れ、さらには停滞する可能性があります。

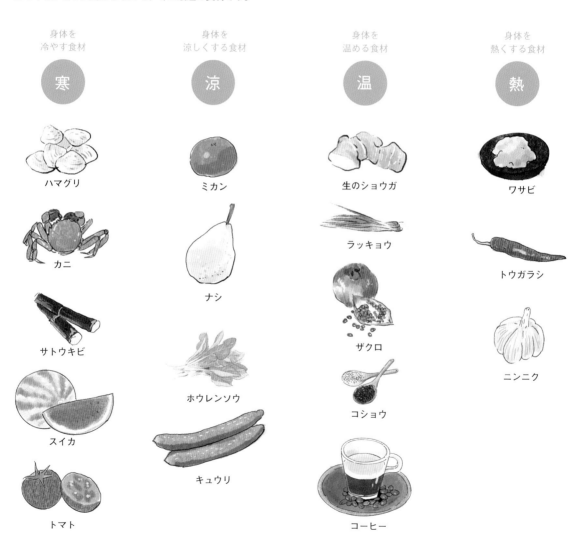

身体を冷やす食材	身体を涼しくする食材	身体を温める食材	身体を熱くする食材
寒	涼	温	熱
ハマグリ	ミカン	生のショウガ	ワサビ
カニ	ナシ	ラッキョウ	トウガラシ
サトウキビ	ホウレンソウ	ザクロ	ニンニク
スイカ	キュウリ	コショウ	
トマト		コーヒー	

陰と陽

陰と陽の原理は、『易経実践―変化の書』の道教思想に由来します。

陰陽のシンボルは世界じゅうで知られています。黒で表される陰は、主に女性、月、暗闇、涼気、寛容性などを想起させます。それに対して、白の陽は、男性、太陽、明るさ、熱、躍動、行動などを表します。

陰と陽の基本的な考え方はかなりシンプルで、世界じゅうのあらゆるものには必ず相反する極があるというものです。その思想によれば、ふたつの対立する力はつねに交互に入れ替わります。つまり、上昇するフェーズのあとには下降するフェーズが続き、活動のあとには休息がきます。同様に、昼のあとには夜がきて、太陽のあとには月が現れます。

食材もまた、両極が陰と陽になっているひとつの尺度上のどの位置にあるかによって、陰と陽に区別されます。

女性的で湿り気が多く、やわらかい陰の食材には、野菜や果物が当てはまり、陽の食材は男性的で、揚げ物やスパイシーな肉料理などが当てはまります。

91

ベジタリアン料理

独創的なベジタリアン料理

今日の中国では誰でも肉を食べることができますが、3世代前の人びとの事情はまったく違いました。そのころは、肉料理は特別の日にしか食べられなかったのです。肉がないことで、かえって野菜やキノコ、豆腐をたくさん使った食事スタイルになり、驚くほど独創的なベジタリアン料理が生まれました。小麦のタンパク質（セイタン）や大豆タンパク質のような製品を見事に使いこなして、肉の味や形、

食感に似た料理がつくられています。なかでもよく知られているのは、ベジミートボール、ベジフィッシュ、ベジフィレ肉の甘酢あんかけ、ベジ豚バラ肉の煮込みなどです。できあがった料理は、りっぱな「だまし料理」になっています。たくさんのレシピが伝統料理のひとつとして、高い評判を得ています。

キノコでつくった
ベジフィッシュのフライ

ベジ豚バラ肉

ベジフィレ肉の
甘酢あんかけ

ベジタリアン料理によく使われる食材

豆腐

セイタン
（小麦のタンパク質グルテン
を主材料とした加工食品）

揚げ湯葉

乾燥湯葉

緑豆

大豆

海藻類

生湯葉

小豆

黒豆

枝豆

精進料理（斎菜）

中国の二大宗教は仏教と道教です。いずれも慈悲と調和の原則の上に成り立っているこれらの宗教の影響を受けた中国では、その昔、菜食主義の傾向が強かったのです。

仏教の精進料理において特定の香辛料（ニンニク、ネギ、アサツキ、エシャロット）の使用を禁じているのは、香りの強いこれらの植物が感覚を刺激して瞑想を乱すと考えられているためです。

今日、中国の多くの寺院は精進料理のレストランでもあり、一般の人たちも訪れることができます。

蘇州市の
寺院のラーメン

象徴的な食べ物

中国人にとって、食べ物は栄養があるだけでなく、
象徴的な意味も持っています。
食卓を囲んで祝うさまざまな祝祭のときには、その行事を象徴する食材を選びます。

中国では、食べ物とその象徴性の関係は、概してふたつの中国語の言葉の発音が近いことに由来します。たとえば、中国語で「ji（ジー）」と発音する鶏肉は、縁起がよいことを表す「吉」と同じ発音です。また、ナシをふたりで分け合うことはありません。「ナシを分け合う」という言葉は「分離」（fenli：フェンリー）と同じような発音だからです。

誕生日のお祝い

ラーメンは誕生日を祝うのに欠かせない料理です。長い麺は長寿の象徴だからです。高齢の人の誕生日には桃の形の蒸しパンも出されます。桃は幸運と長寿の象徴です。

中国で特別な象徴となっている
そのほかの食材

リンゴは平和の象徴

ミカンは運の象徴

新年に用意するもち米の菓子は、新しい年があらゆる面で成長することを示唆しています。

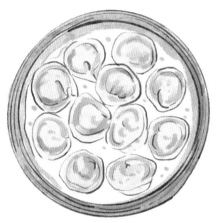

餃子は富の象徴です。その形が昔の金貨の形に似ていることに由来します。

パイナップルは
富と繁栄の象徴

ニワトリは幸運の象徴

魚は繁栄の象徴で、新しい年の初めから終わりまで家庭に富を引き寄せると言われています。魚は標準中国語の発音では「余分」という言葉の発音に似ています。魚は丸ごと（尾頭つきで）出されますが、全部を食べることはめったにありません。魚を食べ尽くさないということは、新しい年のあいだはまだ余分があるということを意味します。

ストリートフード

中国のストリートフードはもはや
伝統料理以上と言っても過言ではないでしょう。
文化そのものとも言えます。
中国市場の歴史は
宋王朝（965年ごろ）まで遡ります。
当時、すでに夜の市場があり、
そこで食事をすることができました。

中国では、いつでも食事をすることができます。いたるところに簡単な料理を出す屋台があり、できたてほやほやの温かい食べ物を買って、さくっと食べることができるのです。中国の通りはストリートフードで大賑わいです。

朝の6時にはもう、通りを歩けば油条（揚げパン）の匂いが
ただよい、包子を蒸しているセイロから湯気が立ち上って
いるのが目に入ります。その少し先では、朝いちばんに来
た客のために、せっせと生地をこね、ワンタンの餡を包ん
でいる人の姿が見えます。昼になると天津名物でもある大
きな煎餅、陝西省名物の肉夾饃（中国風ハンバーガー）、即
席ラーメンを食べることができます。

スナックとしては、辛党なら葱油餅（ネギ入り餅）を、甘党
なら小豆や黒ゴマのスープを友人と分け合って食べるのも
いいでしょう。

日が暮れると、串に刺した野菜や肉を香辛料の利いたスー
プに浸して食べる麻辣湯や肉の串刺しなどが食べられます。

ヨウティアオ
油 条

塩味の小麦粉でできた長
い揚げパン。外側はカリ
カリ、中はふわふわ。

ビンタンフールー
冰糖葫芦

飴でコーティングされた果物の
串刺し。その昔は、酸っぱい実
と甘くてカリカリした皮のサン
ザシという赤い果物の冰糖葫芦
しかありませんでした。

ツォンヨウビン
葱油餅

小麦粉でできたネギ
が入った小さな焼き
菓子で、大人気。

ロウジアモー
肉夾饃

香辛料と醤油でじっくり煮込
んだ豚肉を挟んだ丸いパン。
パクチーやピーマンをいっし
ょに挟むこともあります。

糖水

小豆の甘いスープ。

チーチョンファン
猪 腸 粉

米粉でできた中国式
蒸しクレープ。

シェンジェンバオ
生 剪 包

豚肉入り上海の焼き包子。

ダンフェン
鱼蛋粉

魚のつくねが入った
ライスヌードル。

ウンザイチー
碗仔翅

春雨と肉がベースの
「フカヒレ」を真似た
スープ。

イエナイドン
椰奶凍

ココナツミルクのゼリー。

春巻き

春巻きは中国でとても人気のあるストリートフードです。朝食として食べたり、午後のちょっとした休憩時間に食べたりします。食卓に出すこともあります。

下準備：40分
加熱：20分
寝かせ：10分

材料（20個分）

生の春巻きの皮 … 20枚
モヤシ … 250g
ニラ … 120g
全卵 … 2個＋卵黄1個分
薄口醤油 … 大さじ1
植物油 … 大さじ2
ゴマ油 … 大さじ1
塩
春巻きを揚げるための中性油

1. ボウルに全卵を割って溶く。中華鍋に大さじ1の植物油を熱し、卵を入れ、箸またはフォークでほぐす。皿に取っておく。
2. ニラを洗って細かく切る。残りの植物油を中華鍋に入れて熱し、モヤシをしんなりするまで炒める。皿に取っておく。
3. ニラを中華鍋に入れて、1分炒める。モヤシを戻し入れる。醤油、ゴマ油、塩を加える。2を戻し入れ、すべてを混ぜ合わせる。これを10分間冷ましておく。
4. 春巻きの皮の角のひとつを、調理板の上に自分のほうに向けて置く。小さじ山盛り1の具を皮の手前中央に置く。手前の角を中央に向けて折りこむ。次に左と右の角を折ってから、巻いていく。巻き終わりの角に溶いた卵黄を少し塗り、巻きを閉じる。ほかの春巻きの皮も同様にする。
5. 鍋に揚げ油を強火で熱し、春巻きを2〜3分、黄金色になるまで揚げる。

ネギ入り餅、葱油餅の屋台

祭りと伝統

中国人の生活は、太陰暦にしたがって訪れる
伝統的な祭りのたびに活気づきます。それぞれの祭りでは、
昔から特別な食事をする習慣と伝統がありますが、
その習慣は地域によって異なります。

誕生日と結婚式

中国の人びとは、毎年、誕生日のお祝いをします。
1歳の誕生日はとりわけ大切です。
また60歳以降の誕生日（60歳、66歳、70歳、80歳、88歳、90歳、99歳など）も盛大に祝い、偶数年が好まれます。誕生日はごちそうとたくさんのプレゼントで祝われます。

生後100日目を祝う食事

出される料理について厳密な決まりはなく、幸運やチャンス、幸せを連想させる名前の料理が選ばれます。

1歳の誕生日の「選び取り」

誕生日のごちそうを食べる前に、抓周（選び取り）の儀式が行われます。

1歳の赤ん坊の前にさまざまなものをならべた大きな盆を置いて、赤ん坊に自由に好きなものを選ばせます。決して誘導してはいけません。赤ん坊が手に取ったものによってその子の将来を占います。たとえば、本を手に取れば学者に、絵筆を取れば画家に、お金やそろばんを取れば資産家になるだろうという具合です。

1歳の誕生日を祝うために欠かせない料理は麺、それも、長寿の象徴の非常に細くて長い麺です。高齢者の誕生日には、長寿と活力の象徴の桃の形の蒸しパンも欠かせません。

中国では、73歳と83歳の誕生日を祝うことは避けられます。なぜなら、それぞれ孔子と孟子の亡くなった年齢だからです。

中国の結婚式

中国の結婚式は欧米の様式にどんどん近づいていますが、今日もまだ行われている昔ながらの伝統があります。中国式結婚式の典型的な特徴をいくつか紹介しましょう。

色：中国の結婚式では赤が重要な役割を果たします。赤は成功、結合、誠実、幸福、繁栄、愛、豊穣を表す色だからです。ですから、結婚式の装飾は赤で婚礼服も赤です。家や結婚式場を「二重の幸せ」という意味の赤い文字「囍」で飾ります。これは結婚式に決まって行われる習わしです。

欧米の伝統と違い、花婿が花嫁を家まで迎えに行きます。花嫁は部屋の中に閉じ込められていて、花嫁の友人が数人、部屋のドアの前に陣取って将来の夫にからかいながら質問をします。友人たちは花婿の答えに納得すると、お金の入った赤い封筒を受け取って花嫁を花婿に引き渡します。それからカップルは花嫁の両親の前に進み出て、ハスの実（すぐに妊娠することの象徴）やナツメ（幸運の象徴）の入ったお茶「敬茶」を捧げて敬意を表します。両親がそのお茶を受け取れば、娘の結婚に同意するという意味です。

新郎にはよく4つのドライフルーツ——ナツメ、ピーナッツ、干しリュウガン、ハスの実がプレゼントされます。これらのドライフルーツは子供をすぐに授かるという約束の象徴です。

元宵節（提灯祭）

中国では旧暦の1月15日に元宵節（提灯祭）が行われます。
この日には元宵または湯圓（甘いあるいは塩味の餡が入ったもち米の団子）を
食べる習慣があります。団子の丸い形は家族の団結を象徴しています。
提灯に書かれた謎解きをして遊ぶのも伝統的な習慣です。
なぞなぞの答えを当てるとプレゼントがもらえます。

黒ゴマ団子

材料(24個分)

餡
黒ゴマパウダー … 80g
砂糖 … 大さじ2
溶かしバター … 60g
塩 … ひとつまみ

団子の生地
熱湯 … 100〜110ml
もち米粉 … 110g
米粉 … 10g

1. 餡の材料をすべて混ぜ合わせ、冷蔵庫で30分以上寝かせる。
2. 生地をつくる。サラダボウルにもち米粉、米粉、熱湯を入れて混ぜ、軟らかい団子状にする。これをラップに包み、15分間、常温で寝かせる。餡を小さじ1杯分取り、両手のひらで転がして球状にする。全部で24個の餡玉をつくる。生地を細い棒状にして、24等分に切り分ける。切り分けた1個を手のひらで転がして、小さな団子状にしたあと、指で押して平たくして小さな円盤状にする。円盤の中央に1個の餡玉を置き、縁を中央に寄せ、両手で転がしながら包む。ほかの生地も同様にする。
3. 大きな鍋に水1.5lを沸騰させる。団子を入れ、そっとかき混ぜる。蓋をして、そのまま茹でる。団子が浮き上がってきてから1〜2分後に火を止める。熱い、または温かい茹で汁といっしょに器に入れて出す。

端午節（龍舟祭）

この祭りは旧暦の5月5日に行われます。中国南部では、
中国の戦国時代（紀元前5～前3世紀）の有名な詩人、屈原を記念して、
龍の形のボートレースが催される習慣があります。

この祭りの日に食べる代表的な食べ
物は 粽（ちまき）です。ちまきは竹
の皮で包んだもち米料理です。餡は、
塩辛い豚肉や甘い小豆餡などさまざ
まです。

中秋節（名月祭）

中秋節は中国で新年に次いで2番目に重要な祭りで、
旧暦の8月15日、満月の日に行われます。
満月の形は和やかな団らんを象徴しているため、
この祭りは家族と再会する貴重なひとときとなっています。

中秋節は、もとは収穫を祝う農業の祭典でした。唐王朝の時代（618~907年）になってから、宮殿でこの日にさまざまな行事が執り行われるようになりました。

中国では、秋は温暖で湿気がなく、もっとも美しい季節だと捉えられ、中秋節の月はまん丸でもっとも美しいとされています。そのため、この祭りの行事はよく月の光の下で月を愛でながら行われます。夜のピクニックやテラスでのバーベキューはとても人気があり、子供たちは火を灯した提灯を手に散歩します。農民たちは収穫と農耕季節の終わりを祝います。

この祭りの日には月餅_{ユエビン}を食べます。この菓子は満月の形で、家族の団らんを象徴しています。表面には中国語の浮き出し文字でさまざまなモチーフが描かれています。甘いものや塩味のものがあり、餡は地域によってさまざまです。

広東式月餅

中秋節に食べるその他の食品

文旦_{ブンタン}

ザクロ

桂花糕_{グイホワガオ}
（キンモクセイの花が入ったケーキ）

中国の新年

中国の新年は、中国では「春節」と言われています。
春の初めが新年だと考えられていたからです。
春節は中国でもっとも重要な祭りで、祝賀行事は15日間行われ、
元宵節で終わります(p.104を参照)。

伝説

その昔、ニエン（年）という名の獰猛な動物がいました。毎年、大みそかになると山を下り、人間を食べようと村までやってきます。そんな年を何年も経て、村人たちはついにニエンが苦手なものを突き止めました。それは明かりと騒音、そして赤い色です。こうして、毎年、新年が近づくと、人びとはニエンを追い払うために門や窓の上に赤い飾りを吊るし、赤い提灯に火を灯し、爆竹を鳴らすようになりました。この伝統は今日まで続いています。

伝統と習慣

小年
<ruby>小 年<rt>シャオニエン</rt></ruby>

<ruby>竈<rt>かまど</rt></ruby>の神様（灶王爷）に別れを告げる儀式で、旧暦の12月23日または12月24日に行われます。竈の神様は毎年、各家庭の善い行いと悪い行いを天界の支配者、玉皇上帝に報告しなければならないと言われています。そのため、人びとは竈の神様の寛大な計らいを得るために、その像の前にさまざまな食べ物を供えて家庭の悪口を言わないように願います。

一家総出で家じゅうを徹底的に大掃除して、悪いエネルギーを追い払うために古いものを捨てます。

ドアや窓に「福」か「春」という文字を書いた赤い紙を貼り、玄関の両脇には詩句を書いた赤い紙の短冊を貼りつけます。ふたつの詩句はたがいに呼応する対句（対联）になっています。

春節の休みのあいだは店が閉まるため、人びとは買い出しに行き、とくに子供たちの新しい洋服を買います。

大みそかの祝宴

旧暦の大みそかの晩餐（年夜飯）はたいてい父方の家庭で行います。一年のうちでもっとも豪華な食事で、たいていは健康、繁栄、幸運、豊富さを象徴する料理がならびます。なかでも、余分と同じ発音の魚は欠かせません。北部では、昔の金貨の形に似ていることから餃子を食べます。もち米でつくった菓子、年糕はガオが「高い」という意味の言葉と同じ発音のため、これを食べると何でも望む分野での成長が叶えられると言われています。

年長者は赤い封筒（紅包）に入れたお年玉を子供たちや未婚の若者に与えます。

真夜中近くになると、新しい年を迎えるために爆竹を鳴らします。

新年

春節 —— 新調した服を着て祖父母や年長の兄弟姉妹を訪問します。地方によっては、少なくとも1回は野菜だけの食事をします。寺院への参拝も人気です。

2日目 —— 既婚女性は実家に帰ります。

5日目 —— 富の神を迎えます（迎財神）。

スイーツと飲み物

中国では、食事の最後にデザートは出しませんが、
一日のうちに食べるスイーツを挙げればきりがありません。
カリカリした食感や軟らかい食感のちょっとした菓子はお茶や煎じ茶のお供に最適です。
また、アイスクリーム入りのスムージーは夏の定番ドリンクです。

月餅
（ユエビン）

中国では、中秋節 (p.106～107を参照) に家族といっしょに
満月を愛でながら月餅をいただきます。

月餅のいろいろ

月餅は甘いものや塩味のもの、フルーツの砂糖漬けや野菜
や肉が入ったものなど地域によってさまざまです。

広式月餅

広東の月餅

潮式酥皮

潮州のパイ生地月餅

自来紅

北京のドライフルーツ入り月餅

云南云腿月餅

雲南のハム入り月餅

蛋黄酥

塩漬け卵入り菓子

冰皮月餅

冷やし月餅

苏式月餅

蘇州の豚肉入り月餅

冷やし月餅

下準備：1時間
寝かせ：30分
加熱：15分
冷却：2時間

材料(12個分)

餡

黒すりゴマ … 120g
ハチミツ(アカシア) … 大さじ3
溶かしバター … 20g
牛乳 … 小さじ3
グラニュー糖(お好みで)

生地

もち米粉 … 45g
米粉 … 35g
浮き粉 … 20g
牛乳または豆乳 … 180g
植物油 … 20 〜 30ml
グラニュー糖 … 大さじ2 〜 3

1. 餡をつくる。フライパンでゴマを5分間、中火で煎り、これをミキサーにかけ、ボウルに入れる。ボウルに溶かしバターとハチミツを加え、混ぜ合わせる。牛乳を注ぎ入れ、なめらかな小さな団子の形にする。これを冷蔵庫に入れておく。

2. 生地をつくる。サラダボウルに生地の材料をすべて入れ、なめらかになるまで混ぜる。常温で30分寝かせる。生地を蒸し器で15分蒸す。生地を蒸し器から出し、すぐへらで混ぜ合わせたら、冷ましておく。

3. 冷めた生地を細い棒状にし、これを12等分する。12等分した小片をそれぞれ厚み3mmの小さな平たい丸餅の形に成形する。冷蔵庫から餡を取り出す。餡を小さじ山盛り1杯分取り、丸めく球状にする。これを丸餅の中央に置く。ほかの丸餅も同様にする。

4. 左手の親指と人差し指で井戸の形をつくり、右手に餡をのせた丸餅を取って井戸の上に置く。餅の縁を右手の親指の内側でそっと押しながら持ち上げ、餡を覆う。菓子をわずかにずらして同じようにし、右手の親指と人差し指でぴっちり包み込む。丸くすべすべになるまで手の中で転がす。

5. 型枠に油を塗り、丸めた餅をそれぞれ型に押し込み、表面を平らにする。型枠をひっくり返し、作業板の上で強く叩いて菓子を型枠から出す。ほかの菓子も同様にする。2時間冷蔵庫で冷やす。

北京の宮廷菓子

これらの菓子は、昔は宮廷の重要な儀式のための菓子でしたが、
のちに一般に広く親しまれるようになりました。

枣花酥

ナツメ餡入りパイ生地菓子

山楂锅盔

サンザシ餡入り菓子

墨子酥

黒ゴマ入り菓子

状元饼

豚肉、塩漬け卵黄、緑豆入り菓子

绿豆饼

緑豆入り菓子

黑芝麻椒盐

黒ゴマと花椒入り菓子

牛舌饼

牛の舌の形をした菓子

豆沙饼

小豆入り菓子

南瓜饼

かぼちゃ餡入り菓子

中国南部ではアヒルの卵黄を使った塩味
の効いた菓子や蒸し菓子、欧米の影響を
受けた小さなタルトなどが人気です。

馬拉糕（蒸しスポンジケーキ）
マーラーカオ

下準備：15分
加熱：30分
寝かせ：2時間

材料（4 ～ 5人分）

常温の卵 … 3個
常温の牛乳 … 50ml
水 … 小さじ3
薄力粉 … 120g
赤糖または黒糖 … 100g
ベーキングパウダー
　… 小さじ山盛り1
溶かしバター … 60g

1. 卵をハンドミキサーまたはフードプ
ロセッサーで泡立てながら砂糖を5
～ 6分かけて少しずつ加える。こう
することでボリュームが2 ～ 3倍に
なり、最後にはクリーミーになる。
ふるいにかけた小麦粉を少しずつ加
え、次に牛乳を加え、ていねいに混
ぜ合わせる。
2. これをラップ で覆って1 ～ 2時間、
常温で寝かせる。
3. バターを溶かし、下準備した生地に
加える。ベーキングパウダーを小さ
じ2の水で薄めて生地に加え、もう一
度ていねいに混ぜ合わせる。
4. セイロまたは型枠（直径18cm）に硫酸
紙を敷き、生地を流し込み、セイロ

の蓋をする。型枠を使用する場合は、
型枠を蒸し器に入れ、蒸気の水滴が
菓子に落ちないように布巾で蓋をす
る。
5. 蒸すための湯を沸かしているあいだ、
しばらく生地を休ませる。鍋（セイロ
と同じサイズ）に3分の2の高さまで
水を入れ、沸騰させる。セイロを鍋
の上に置き、強火で30分、加熱する。
加熱し終わったら、5分待ってから蓋
を取る。こうすると膨らんだ生地が
しぼまない。冷めないうちにめしあ
がれ。

糖水と刨冰

<ruby>糖水<rt>タンシュイ</rt></ruby>と<ruby>刨冰<rt>バオビン</rt></ruby>

中国にはタンスイまたは広東語でトンスイと言われる（温かい、あるいは冷たい）スープ状
またはカスタード状の甘い料理があります。
低カロリーですがほんのりと上品な甘さで、これを飲めば元気になります。

紅豆沙

小豆をじっくり煮込んだ甘いスープ
（汁粉）

豆腐糊

黒ゴマのとろりとした汁粉

杨枝甘露

マンゴー、文旦、
タピオカが入ったスムージー

豆腐花

甘いトッピングをのせた
軟らかい豆腐のゼリー

ショウガ入り牛乳プリン

下準備：15分
加熱：2分
寝かせ：10分

材料(4人分)

冷たい牛乳 … 600ml
ショウガの搾り汁 … 大さじ4 (生のショウガ約120g)
粉砂糖 … 40 〜 60g

1. ショウガの皮をむき、すりおろしてから目の細かい濾し器で搾り汁にする。よく混ぜてから4つの小さなボウルに分けて入れる。
2. 鍋に牛乳を入れ、砂糖を加えて、砂糖が溶けるようにかき混ぜながら80 〜 85℃になるまで温める。
3. 火を止め、70 〜 75℃になるまで冷ます。

4. ショウガの搾り汁の入った小さなボウルに牛乳150mlを10cmの高さから注ぎ入れる。ほかの3つのボウルにも同様にして牛乳を注ぎ入れる。
5. 7 〜 10分、そのまま寝かせる。寝かせている間に混ぜ合わせたり、ボウルを動かしたりしないこと。

刨冰(バオビン)(かき氷)は夏の定番スイーツです。数えきれないほどさまざまな種類があります。もともとは氷を砕いただけのものでしたが、次第に甘い液体(ハチミツ、シロップ、コンデンスミルク、カスタードなど)をかけるようになり、ついには、スライスした生のフルーツやジャム、米粒、タピオカ、小豆などをトッピングするようになりました。

米でつくる菓子

軟らかく、ふんわりとした、とろけるような食感のもち米は
甘い素材と非常によくマッチします。
もち米でつくられた菓子は熱い状態で食べることが多いですが、
まれに冷やしたり、凍らせたりして食べるものもあります。

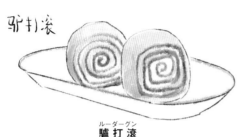

驢打滾
ルーダーグン

（直訳すると、「ロバが地面を転がる」の意）
あんこをもち米の生地でぐるぐる巻いて、
きな粉をまぶした菓子

青団
チントゥアン

もち米とヨモギの葉でつくる菓子
（ヨモギ餅）

麻団
マートゥアン

揚げたもち米の団子にゴマをまぶした菓子
（ゴマ団子）

糯米棗
ヌオミーザオ

ナツメにもち米の団子を詰めた菓子

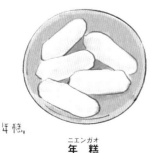

年糕
ニエンガオ

新年に食べるもち米でつくる菓子（餅）

湯圓
タンユエン

だし汁に入ったもち米団子

八宝飯
バーバオファン

材料(3〜4人分)

もち米…150g
干しリュウガン…15g
クコの実…5g
ナツメ…20g
ハスの実…10g
ピーナッツ…10g
クルミ…10g
レーズン…10g
小豆餡…50〜70g
型に塗る油…少々

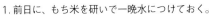

1. 前日に、もち米を研いで一晩水につけておく。
2. 当日、炊飯器または蒸し器でもち米を炊く。炊飯用の水の量は米がちょうどかぶるくらいがいい。
3. ナツメは種を取り除く。ナツメの苦味を取り除くために1分間、熱湯に通す。水気を切り、キッチンペーパーでよく拭く。
4. ボウルに油を塗る。ボウルは底が平らなものを使うといい。レーズンとクコの実以外のすべてのドライフルーツを細かく切り、ボウルの底にならべる。
5. ドライフルーツを半量のもち米で覆い、その上に小豆の餡を広げ、最後に残りのもち米をその上に広げて全体がまとまるようにしっかり押さえる。
6. 蒸し器で10分間、加熱する。皿の上でボウルをひっくり返し、ボウルを外す。

中国茶

茶葉の産地は中国南西部で、飲み物として
使用されるようになったのは先史時代に遡（さかのぼ）ります。
お茶は中国人の生活に欠かせないもので、朝から晩まで、自宅でも職場でも
レストランでの食事の折にも、
自宅でちょっとしたスナックを食べるときにもお茶を飲みます。
さらには水筒に入れて、喉が渇けばいつでもどこでもお茶を飲みます。

中国茶は、茶葉の色の違いで緑茶、黄茶、白茶、紅茶、黒茶、ウーロン茶などに種類分けされます。では、お茶の色の違いはどのようにして決まるのでしょう？じつのところ、茶葉にはほかの植物と同じように色素の酸化酵素が含まれており、そのせいで葉が黄ばむのです。葉が採取されるとすぐ、葉に含まれる色素とタンニンの酸化がはじまります。この酸化現象によって葉の色が決まります。あまり酸化されない葉は緑茶や白茶や黄茶になります。葉の色が濃ければ濃いほど、酸化が進んでいます。

中国でもっともよく知られているお茶

龍井茶（ロンジン）

旨味がたっぷりでとても
さわやかな味わい

黄山毛峰茶（こうざんもうほう）

甘味があり繊細な味わい

岩茶

深くまろやかな味わいで、
香りが口の中に長く残る

紅茶

寒いときや湿気の多い時期に
飲むのに理想的なお茶

鉄観音茶（てっかんのん）

香りも口当たりも濃厚で
複雑な味わい

普洱茶（プーアル）

発酵プロセスを経ている
ため、時間が経つにつれ
て味が深まる生きたお茶

功夫茶（ゴンフーチャ）（中国茶の淹れ方）

功夫茶とは、中国流のお茶の淹れ方のことで、
（ちょうど、ワイン醸造者が客に高級ワイン
を味わわせるために準備してくれるように）
おいしいお茶を味わってもらうためのおもて
なし術です。上等な茶葉をたっぷり使い、
150mlの小さなティーポットで蒸らします。
こうすることで、力強く豊かな香りになりま
すが、苦くなることはありません。こうして
淹れたお茶はとても小さな茶碗に注いで味わ
い、たいていの場合、一口で飲み干します。

茶寵（チャチョン）（ティーペット）
お茶を淹れるあいだ、
茶器セットをのせる盆
の上に置く動物の置物

公道杯

茶杯

茶壺
（急須）

功夫茶のための茶器セット

健康によい飲み物

中国では温かい飲み物が好まれます。お茶以外にも、花やハーブ、
ドライフルーツを煎じた飲みものがたくさんあります。
それは養生茶と言われ、生気を養うお茶です。
人それぞれの健康状態や季節の移り変わりに応じて、ふさわしい養生茶を選びます。

昔ながらの養生茶

酸梅湯
梅、甘草、乾燥ミカンの皮、
サンザシがベースの煎じ茶

广式涼茶
クワの実、スイカズラ、甘草など
の薬草の冷たいハーブティー

ナツメとリュウガン
の煎じ茶

材料

水 … 1ℓ　　　　　　クコの実 … 10個ほど
乾燥ナツメ … 8〜10個　　赤糖 … 大さじ1
乾燥リュウガン … 6個

1. ナツメを縦にふたつに割り、種を取り出す。リュウガ
   ンの皮をむく。
2. 鍋に水、ナツメ、リュウガンを入れ、沸騰させてから
   弱火にして10分そのまま加熱する。クコの実を加えて
   15〜20分煎じる。熱いうちに、または少し冷まして
   から飲む。好みで赤糖を加える。

ショウガと黒糖の煎じ茶

風邪や一時的な疲労に効くことで非常によく知られている
この煎じ茶は、寒い時期によくつくります。中国医学では
黒糖は胃を温め、血流を促すことで知られています。

材料

千切りにした生のショウガ（皮つき）… 25g
黒糖 … 15 〜 30g
水 … 800ml

1. 鍋に水を入れ、ショウガを加える。
2. 沸騰させてから火を弱め、20 〜 30分じっくり煮出す。
3. 黒糖を加え、よく混ぜてから火を消し、飲む。

> ショウガの皮は決してむきません。皮があったほうが
> ずっと風味がよく、とりわけ、ショウガの栄養バラン
> スが保てるからです。皮は陰で、実は陽です。中国医
> 学によれば、陽だけではアンバランスになり、エネル
> ギー過剰に陥ります。

菊花とクコの実の煎じ茶

菊花とクコの実がベースの煎じ茶は目のかすみを改善させ、
視力の低下を防ぎ、肝臓の調子を整えます。

材料

クコの実 … 10g
乾燥菊花 … 3g
水 … 1l

1. 水1lを表面が波打つ程度に加熱
   する。
2. クコの実と乾燥菊花を加え、5 〜
   10分煎じたらできあがり。

酒

昔のこと、杜康（ドゥカン）という名の男が黄河のほとりに住んでいました。
ある日、この男は食事の残りの穀物を枯れ木の幹の中にわざと残しておきました。
数日後、その木からいい匂いが立ち込め、液休がぽたぽたと流れ出てきました。
杜康は、液休を一滴口に含むと、その口当たりのよさにびっくりしました。
伝説によれば、お酒はこうして生まれたということです。

穀物の選別　　　　　穀物を蒸す　　　　　酵母菌の生成

発酵　　　　　混ぜて壺に入れる　　　　　熟成

腐った穀物（米、モロコシ、キビ、麦など）は、のちに中国語で酒曲（ジウチー）
と呼ばれるようになりました。これが中国で伝統的なお酒を製造す
るためのもっともよく使われる酵母菌です。

紹興酒

中国でもっとも親しまれているお酒です。干し梅を入れて
30分以上煎じてから微温で飲むこともあります。

干し梅入り紹興酒

1. ピッチャーに紹興酒と干し梅を入れる。
2. ピッチャーを湯煎鍋に入れて50～60℃で温め、
   干し梅を30分以上煎じる。
3. ぬるくなってきたところで飲む。

耳より情報
手ごろな価格の紹興酒は料理にも使われます。

白酒（白い蒸留酒）
バイジュウ

発酵させたトウモロコシがベースの伝統
的な穀物の蒸留酒です。トウモロコシ、
キビまたはチベット大麦などがブレンド
されていることが多いです。

中国では、白酒は一気に飲み干します。
また、祝杯をあげるときには、干杯（杯
を空にする）と言います。結婚式や誕生
日のようなイベントではもちろんのこと、
ビジネスにおいて大事な契約が交わされ
るときにも、必ずと言ってよいほど飲ま
れるお酒です。

缶で売られている、さ
ほど強くないあらかじ
めブレンドされたカク
テル、微醺酒は若者
ウェイシュンジウ
にとても人気です。

125

索 引

レシピ別索引

マルゴ・ジャンの謝辞

この数年間、ずっとわたしを信用してくれた編集者のオレリーに心から感謝します。イラストレーターのジャオ・エン、本当にありがとう。あなたの素晴らしいイラストのおかげで、わたしたちのこの本が楽しく魅力的なものになりました。
クリス、あなたがいなければジャオ・エンと出会うことはなかったでしょう。そして、この本を書き上げることはできなかったことでしょう。夫には愛を込めて感謝を、息子のポールにはこの本を読んで中国料理をもっと好きになって欲しいという思いを捧げます。

ジャオ・エン・ヤンの謝辞

本書の著者マルゴとMango（マンゴ）出版社の編集者オレリーの信頼と忍耐に深く感謝します。また、翻訳とコーディネートを担ってくれたBiMot Culture 社のジアイにも感謝します。あなたのおかげで、この本の制作のためのじゅうぶんな時間と場所を得ることができました。そして読者の皆さんに感謝します。この本を通して、中国料理に関心と愛着を持ってくれたら嬉しいです。

知っておきたい！
中国ごはんの常識
イラストで見るマナー、文化、
レシピ、ちょっといい話まで

2024 年 7 月 1 日　第 1 刷

著者	マルゴ・ジャン [文]
	ジャオ・エン・ヤン [絵]
訳者	広野和美
翻訳協力	株式会社リベル
ブックデザイン	川村哲司（atmosphere ltd.）
発行者	成瀬雅人
発行所	株式会社原書房
	〒160-0022
	東京都新宿区新宿 1-25-13
	☎ 03(3354)0685（代表）
	http://www.harashobo.co.jp/
	振替・00150-6-151594
印刷	シナノ印刷株式会社
製本	東京美術紙工協業組合

LA CUISINE CHINOISE ILLUSTRÉE:
des recettes et des anecdotes pour tout savoir sur
la culture gastronomique chinoise

Textes et recettes : Margot Zhang
Illustrations : Zhao En Yang
© First published in French by Mango, Paris, France – 2023
Japanese translation rights arranged through Japan Uni
Agency, Inc.